국어 실력으로 이어지는 수(秀) 한자

사자성어 및 부록

국어 실력으로 이어지는 수(秀) 한자: 사자성어 및 부록

발행일 2019년 7월 30일

지은이 최동석
펴낸이 손형국
펴낸곳 (주)북랩
편집인 선일영   **편집** 오경진, 강대건, 최승헌, 최예은, 김경무
디자인 이현수, 김민하, 한수희, 김윤주, 허지혜   **제작** 박기성, 황동현, 구성우, 장홍석
마케팅 김회란, 박진관, 조하라, 장은별
출판등록 2004. 12. 1(제2012-000051호)
주소 서울시 금천구 가산디지털 1로 168, 우림라이온스밸리 B동 B113, 114호
홈페이지 www.book.co.kr
전화번호 (02) 2026-5777   **팩스** (02) 2026-5747

ISBN 979-11-6299-635-5 04710 (종이책)   979-11-6299-636-2 05710 (전자책)
         979-11-6299-611-9 04710 (세트)

이 도서의 국립중앙도서관 출판예정도서목록(CIP)은 서지정보유통지원시스템 홈페이지(http://seoji.nl.go.kr)와
국가자료공동목록시스템(http://www.nl.go.kr/kolisnet)에서 이용하실 수 있습니다.
(CIP제어번호: CIP2019029613)

(주)북랩 성공출판의 파트너

북랩 홈페이지와 패밀리 사이트에서 다양한 출판 솔루션을 만나 보세요!

홈페이지 book.co.kr   •   **블로그** blog.naver.com/essaybook   •   **원고모집** book@book.co.kr

국어 실력으로
이어지는

秀 수
한자

최동석 지음

북랩 book Lab

사자성어
부록

머리말

한자는 비단 한문을 잘 이해하기 위해서 익혀야 하는 글자가 아니다. 국어 어휘의 상당수가 한자어로 되어있는 현실을 직시한다면, 국어를 바르게 사용하기 위한 필수 과정이 한자를 익히는 과정이라 할 수 있다.

'약의 부작용'이라고 할 때 한글로만 적으면 정확한 의미가 와닿지 않아 '약의 잘못된 작용'으로 이해하기 쉽다. 하지만 '藥의 副作用'이라고 쓰면 '副(부)'자가 버금, 딸림의 의미로 금방 와닿아 약의 主作用(주작용) 외에 여러 부수적인 작용이라고 정확히 파악할 수 있다. 비아그라가 원래는 고혈압 치료제로 개발되었으나 副作用으로 발기부전치료제로 쓰이듯이 말이다.

또한 한자의 정확한 이해는 국어 생활을 더욱 풍부하게 해준다. 소식이라고 쓰면 단순히 적게 먹는 것으로 이해하기 쉬우나, 한자로 素食(소식)이라고 쓰면, '간소하게 먹는다'는 뜻으로도 쓸 수 있다. 이와 같이 한자의 사용은 국어 어휘 구사력을 높여 주어, 결국 국어에 대한 전반적인 능력을 업그레이드시킬 수 있게 해준다.

한국 사람이 사전 없이 책을 읽을 수 있는 것은 한자에 힘입은 바가 크다. 부자라는 단어만 알아도 부국, 부강, 부유 등의 어휘도 그 뜻을 유추할 수 있다. 전제 조건은 '富'가 '부유하다'는 의미라는 것을 알고 있느냐는 것이다. 그런데 만일 '부'의 의미를 정확히 모르면 그 외의 단어들도 그 의미를 잘못 파악하기 쉽다.

그렇다면 어떻게 한자를 익혀야 하는가?

한자는 부수 요소와 부수 외 요소가 있고, 부수별로 분류하여 외우는 것이 단순히 가나다의 순서로 외우는 것보다 훨씬 체계적이고 이해도 빠르다. 또한 한자만의 독특한 제자원리가 있으니 象形(상형), 指事(지사), 會意(회의), 形聲(형성), 假借(가차), 轉注(전주)가 바로 그것이다.

1. 象形(상형)

사물의 모양[形(형)]을 있는 그대로 본떠서 한자를 만드는 방법이다.

예: 土(토), 山(산) 등

2. 指事(지사)

숫자나 위치, 동작 등과 같의 구체적인 모양이 없는 것을 그림이나 부호 등을 이용해 구체화시켜 한자를 만드는 방법이다.

예: 上(상), 下(하)

3. 會意(회의)

이미 만들어진 글자들에서 뜻과 뜻을 합해 새로운 뜻의 글자를 만드는 방법이다.

예: 男(남) = 田(전) + 力(력) → '男子(남자)는 밭[田]에서 힘[力]을 써서 일하는 사람'이라는 뜻이다.

4. 形聲(형성)

새로운 뜻의 글자를 만들기 위해서 이미 만들어진 글자를 이용하는 방법이다. 회의가 뜻과 뜻을 합하여 새로운 글자를 만들어 내는 방법임에 비해, 형성은 한 글자에서는 소리를 따오고 다른 글자에서는 모양을 따다가 그 모양에서 뜻을 찾아 새로운 뜻의 글자를 만드는 방법이다.

예: 江(강) : 氵[물] + 工(공)

河(하) : 氵[물] + 可(가)

5. 假借(가차)

이미 만들어진 한자에 모양이나 소리나 뜻을 빌려 새로 찾아낸 뜻을 대입해서 사용하는 방법이다.

예: 弗 1) 아니다, 2) 달러

佛 1) 어그러지다, 2) 부처

6. 轉注(전주)

모양이 다르고 뜻이 같은 두 개 이상의 글자가 서로 자음이 같거나, 모음이 같거나 혹은 자음과 모음이 같은 관계 때문에 그 글자들 사이에 아무런 구별 없이 서로 섞어 사용하는 방법을 말한다.

예: 老(로), 考(고)

본 교재는 위의 원리에 입각해서 저술되었다. 다만 한 글자의 제자원리에 대한 설이 여럿인 경우가 있다. 이런 경우 기억을 위해 편리한 설을 따랐다. 또한 너무 깊이 들어가서 '한자학습서'가 아닌 '한자연구서'가 되지 않도록 어려운 내용은 과감히 생략하였다.

국어 실력으로 이어지는 수(秀) 한자: 사자성어 및 부록

현재 시중에 한자 학습서로 나와 있는 교재 중에 한자를 상세히 풀이하여 놓은 책이 많이 있다. 하지만 대다수가 자의적인 해설을 달아놓은 것이다.

본 교재는 정직하게 쓰려고 하였다. 아는 만큼 연구한 만큼만 쓰려고 하였고, 그럼에도 불구하고 역량의 부족함을 느낀 적도 많았음을 고백한다. 하지만 이제 정직한 한자 교재가 하나쯤 있어야 한다는 당위성에 위로를 받으며 집필을 마치고자 한다.

끝으로 각종 한자 시험에 응시하려는 이들은, 각 시험의 특징, 선정 한자의 出入(출입) 등을 파악하고 대비하기 위해서 본 교재를 학습한 후 반드시 문제집을 풀어 볼 것을 당부 드린다.

2019년 7월

根巖 崔東石

목차

4급

3급

2급

부록 1

일자다음(一字多音)

부록 2

잘못 쓰기 쉬운 한자

부록 3

잘못 읽기 쉬운 한자

필순의 원칙

1. **왼쪽부터 오른쪽으로 쓴다.**
   예 外(외)　　ノ　ク　タ　列　外

2. **위에서 아래로 쓴다.**
   예 客(객)　　丶　宀　宀　宀　宏　安　客　客

3. **가로획과 세로획이 교차될 때는 가로획을 먼저 쓴다.**
   예 木(목)　　一　十　才　木

4. **좌·우 대칭을 이루는 글자는 가운데를 먼저 쓰고 좌·우의 순서로 쓴다.**
   예 水(수)　　亅　刁　水　水

5. **몸과 안으로 된 글자는 몸부터 쓴다.**
   예 內(내)　　丨　冂　冈　內

6. **가운데를 꿰뚫는 획은 맨 나중에 쓴다.**
   예 手(수)　　亅　刁　水　水

7. **허리를 끊는 획은 맨 나중에 쓴다.**
   예 母(모)　　乚　乜　母　母　母

8. **삐침(ノ)과 파임(乀)이 만날 때는 삐침을 먼저 쓴다.**
   예 父(부)　　ノ　八　父　父

9. **오른쪽 위의 점은 맨 나중에 찍는다.**
   예 成(성)　　丿　厂　厈　成　成　成

10. **받침으로 쓰이는 글자는 다음 두 가지로 구분한다.**
    * 달릴 주(走)나 면할 면(免)은 먼저 쓴다.
      예 起(기)　一　十　土　キ　走　走　起　起　起

    * 뛸 착, 갈 착(辶)이나 길게 걸을 인(廴)은 맨 나중에 쓴다.
      예 道(도)　丷　丷　产　产　首　首　首　道　道　道

四字成語

사자성어

한자자격시험 8급	十 열 십
十 中 八 九	中 가운데 중
십 중 팔 구	八 여덟 팔
	九 아홉 구

十 열 십
中 가운데 중
八 여덟 팔
九 아홉 구

열이면 여덟이나 아홉이 그러함

東 동녘 동
問 물을 문
西 서녘 서
答 대답 답

東問西答
동 문 서 답
한자자격시험 7급

물음에 대해 전혀 당치 않는 대답을 하는 것
[宋南雜誌(송남잡지)]

安 편안 안
心 마음 심
立 설 립
命 목숨 명

安心立命
안 심 입 명
한자자격시험 7급

삶과 죽음을 초월함으로써 마음의 편안함을 얻는
것을 이르는 말 [傳燈錄(전등록)]

一 한 일
日 날 일
三 석 삼
秋 가을 추

一日三秋
일 일 삼 추
한자자격시험 7급

하루가 3년같이 긺. 기다리는 정이 간절함
[詩經(시경)]

국어 실력으로 이어지는 수(秀) 한자: 사자성어 및 부록

한 자 자 격 시 험 6 급
樂 山 樂 水
요 산 요 수

樂 좋아할 요
山 뫼 산
樂 좋아할 요
水 물 수

산을 좋아하고 물을 좋아함. 자연을 사랑함

[論語(논어)]

한 자 자 격 시 험 6 급
百 年 之 計
백 년 지 계

百 일백 백
年 해 년
之 어조사 지
計 셈할 계

먼 장래를 내다본 계획. 인재를 기르는 교육을 말함

: 百年大計(백년대계)

한 자 자 격 시 험 6 급
白 面 書 生
백 면 서 생

白 흰 백
面 낯 면
書 글 서
生 날 생

글만 읽고 세상일에는 전혀 경험이 없는 사람

[宋書(송서)]

한 자 자 격 시 험 6 급
作 心 三 日
작 심 삼 일

作 지을 작
心 마음 심
三 석 삼
日 날 일

마음 먹은 것이 사흘이 못 감. 결심이 굳지 못하다
는 말

한 자 자 격 시 험 6급

九 死 一 生
구 사 일 생

九 아홉 구
死 죽을 사
一 한 일
生 날 생

여러 번 죽을 고비를 당하다가 겨우 살아남

[史記(사기)]

한 자 자 격 시 험 6급

同 苦 同 樂
동 고 동 락

同 한가지 동
苦 쓸 고
同 한가지 동
樂 즐길 락

괴로움도 즐거움도 함께함

한 자 자 격 시 험 6급

門 前 成 市
문 전 성 시

門 문 문
前 앞 전
成 이룰 성
市 저자 시

문 앞이 저자를 이룸. '방문하는 사람이 많음'의
비유

한 자 자 격 시 험 6급

百 戰 百 勝
백 전 백 승

百 일백 백
戰 싸울 전
百 일백 백
勝 이길 승

백 번 싸워 백 번 이김. '싸울 때마다 이김'을 이름

[孫子(손자)]

국어 실력으로 이어지는 수(秀) 한자: 사자성어 및 부록

한 자 자 격 시 험 6 급
不 遠 千 里
불   원   천   리

不 아닐 불
遠 멀 원
千 일천 천
里 마을 리

천 리 길도 멀다 하지 않음

[孟子(맹자)]

한 자 자 격 시 험 5 급
見 物 生 心
견   물   생   심

見 볼 견
物 만물 물
生 날 생
心 마음 심

물건을 보면 갖고자 하는 욕심이 생김

한 자 자 격 시 험 5 급
敬 天 愛 人
경   천   애   인

敬 기울 경
天 하늘 천
愛 사랑 애
人 사람 인

하늘을 공경하고 사람을 사랑함

한 자 자 격 시 험 5 급
多 才 多 能
다   재   다   능

多 많을 다
才 재주 재
多 많을 다
能 능할 능

재주가 많아 여러 가지에 능함

한 자 자 격 시 험 5급

良藥苦口
양 약 고 구

良 좋을 양
藥 약 약
苦 쓸 고
口 입 구

좋은 약은 입에 씀. '충고하는 말은 듣기 거북하지만 자기에게 이로움'의 비유 [史記(사기)]

한 자 자 격 시 험 5급

萬古不易
만 고 불 역

萬 일만 만
古 예 고
不 아닐 불
易 바꿀 역

오랜 세월을 두고 변하거나 바뀌지 않음
: 萬古不變(만고불변)

한 자 자 격 시 험 5급

無不通知
무 불 통 지

無 없을 무
不 아닐 불
通 통할 통
知 알 지

두루 통하여 모르는 것이 없음
: 無所不至(무소부지)

한 자 자 격 시 험 5급

聞一知十
문 일 지 십

聞 들을 문
一 한 일
知 알 지
十 열 십

하나를 들으면 열을 앎
[論語(논어)]

北窓三友
북　창　삼　우

北 북녘 북
窓 창문 창
三 석 삼
友 벗 우

거문고, 시, 술의 세 가지 벗을 말함
[白居易(백거이)의 詩(시)]

安分知足
안　분　지　족

安 편안 안
分 나눌 분
知 알 지
足 넉넉할 족

자기 분수에 맞게 살며 만족스럽게 잘 삶

語不成說
어　불　성　설

語 말씀 어
不 아닐 불
成 이룰 성
說 말씀 설

말이 조금도 이치에 맞지 않음

雨順風調
우　순　풍　조

雨 비 우
順 따를 순
風 바람 풍
調 고를 조

농사에 알맞게 기후가 순조로움

有名無實
유 명 무 실

有 있을 유
名 이름 명
無 없을 무
實 열매 실

이름만 있고 실제는 없음. 소문만 났을 뿐 실속이 없음 [漢書(한서)]

以心傳心
이 심 전 심

以 써 이
心 마음 심
傳 전할 전
心 마음 심

마음에서 마음으로 전해짐
[傳燈錄(전등록)]

主客一體
주 객 일 체

主 주인 주
客 손 객
一 한 일
體 몸 체

주체와 객체가 하나가 됨. 서로 손발이 잘 맞음

佳人薄命
가 인 박 명

佳 아름다울 가
人 사람 인
薄 엷을 박
命 목숨 명

미인은 오래 살지 못함. 미인은 명이 짧음
: 美人薄命(미인박명) [蘇軾(소식)의 詩(시)]

한 자 자 격 시 험 5 급
刻 骨 銘 心
각　　골　　명　　심

刻 새길 각

骨 뼈 골

銘 새길 명

心 마음 심

뼈와 마음에 새겨서 잊지 않는다는 말

[後漢書(후한서)]

한 자 자 격 시 험 5 급
感 之 德 之
감　　지　　덕　　지

感 느낄 감

之 어조사 지

德 덕 덕

之 어조사 지

고맙게 여기고 은혜롭게 여김

한 자 자 격 시 험 5 급
甲 男 乙 女
갑　　남　　을　　녀

甲 첫째 갑

男 사내 남

乙 두번째 을

女 계집 녀

보통의 평범한 남녀를 이름

한 자 자 격 시 험 4 급
改 過 遷 善
개　　과　　천　　선

改 고칠 개

過 허물 과

遷 옮길 천

善 착한 선

허물을 고쳐서 선한 길로 옮김

蓋世之才
개 세 지 재

蓋 덮을 개
世 세상 세
之 어조사 지
才 재주 재

세상을 마음대로 다스릴 만한 뛰어난 재능. 또는 그런 재능을 가진 사람

隔世之感
격 세 지 감

隔 사이 뜰 격
世 세대 세
之 어조사 지
感 느낄 감

세상이 바뀌어 딴 세상 같은 느낌

犬馬之勞
견 마 지 로

犬 개 견
馬 말 마
之 어조사 지
勞 일할 로

윗사람을 위해 바치는 자신의 노력을 겸손히 이르는 말

堅忍不拔
견 인 불 발

堅 굳을 견
忍 참을 인
不 아닐 불
拔 뺄 발

굳게 참고 견디어 흔들리지 아니함
[三國志(삼국지)]

結 者 解 之
결　자　해　지

結 맺을 결
者 사람 자
解 풀 해
之 그것 지

맺은 사람이 풀어야 함. 자기가 저지른 일은 자기가 해결해야 한다는 뜻 [旬五志(순오지)]

兼 人 之 勇
겸　인　지　용

兼 겸할 겸
人 사람 인
之 어조사 지
勇 날쌜 용

혼자서 능히 몇 사람을 당해 낼만한 용기

輕 擧 妄 動
경　거　망　동

輕 가벼울 경
擧 들 거
妄 망령될 망
動 움직일 동

가볍게 움직이고 함부로 행동함. 일을 깊이 생각하여 처리하지 않고 갈팡질팡함 [經樓夢(경루몽)]

傾 國 之 色
경　국　지　색

傾 기울 경
國 나라 국
之 어조사 지
色 빛 색

임금의 마음이 쏠리어 나라 기우는 것도 모를 만큼 절세의 미인을 말함 [史記(사기)]

27

한자자격시험 4급

孤軍奮鬪
고 군 분 투

孤 외로울 고
軍 군사 군
奮 떨칠 분
鬪 싸울 투

적은 인원으로 어려운 일을 악착스럽게 해냄

한자자격시험 4급

高臺廣室
고 대 광 실

高 높을 고
臺 돈대 대
廣 넓을 광
室 집 실

굉장히 높고 큰 집

한자자격시험 4급

姑息之計
고 식 지 계

姑 잠시 고
息 숨쉴 식
之 어조사 지
計 꾀 계

근본적인 해결책이 아니라 임시변통을 위한 대책
: 彌縫策(미봉책) [禮記(예기)]

한자자격시험 4급

苦肉之策
고 육 지 책

苦 괴로울 고
肉 몸 육
之 어조사 지
策 꾀 책

제 몸을 괴롭히면서까지 적을 속이는 계책
[三國志(삼국지)]

孤 홀로 고
掌 손바닥 장
難 어려울 난
鳴 울 명

한자자격시험 4급

孤 掌 難 鳴
고 장 난 명

외손바닥은 소리가 나지 않음. 즉, 상대가 있어야
시비도 이루어진다는 말 [水滸志(수호지)]

曲 굽을 곡
學 배울 학
阿 아첨할 아
世 세상 세

한자자격시험 4급

曲 學 阿 世
곡 학 아 세

학문을 굽혀 세상에 아부함. 즉, 학문을 왜곡하여
권력자에게 아부하는 것을 이름

過 지나칠 과
猶 오히려 유
不 아닐 불
及 미칠 급

한자자격시험 4급

過 猶 不 及
과 유 불 급

지나친 것은 오히려 미치지 못함과 같다.
中庸(중용)의 중요성을 이르는 말 [論語(논어)]

巧 꾸밀 교
言 말씀 언
令 좋을 령
色 빛 색

한자자격시험 4급

巧 言 令 色
교 언 영 색

아첨하는 말과 알랑거리는 태도
[論語(논어)]

한자자격시험 4급

九曲肝腸
구 곡 간 장

區 구역 구
曲 굽을 곡
肝 간 간
腸 창자 장

굽이굽이 꼬인 창자. 즉, 근심이 쌓이고 쌓인 마음

한자자격시험 4급

國泰民安
국 태 민 안

國 나라 국
泰 클 태
民 백성 민
安 편안 안

나라가 태평하여 백성이 편안히 살아감

한자자격시험 4급

群鷄一鶴
군 계 일 학

群 무리 군
鷄 닭 계
一 한 일
鶴 학 학

닭 무리 중에 한 마리의 학. 많이 모인 중에 빼어난
한 사람 [晉書(진서)]

한자자격시험 4급

群雄割據
군 웅 할 거

群 무리 군
雄 뛰어날 웅
割 나눌 할
據 의거할 거

많은 영웅들이 각지에서 세력을 다툼

국어 실력으로 이어지는 수(秀) 한자: 사자성어 및 부록

한자자격시험 4급

君 爲 臣 綱
군 위 신 강

君 임금 군
爲 할 위
臣 신하 신
綱 벼리 강

임금이 신하에게 모범을 보임. 또는 그렇게 하여야
할 도리

한자자격시험 4급

窮 餘 之 策
궁 여 지 책

窮 궁할 궁
餘 남을 여
之 어조사 지
策 꾀 책

궁박하고 어려운 끝에 짜낸 계책

한자자격시험 4급

克 己 復 禮
극 기 복 례

克 이길 극
己 자기 기
復 되돌릴 복
禮 예절 례

사사로운 욕심을 누르고 예의와 범절을 따름
[論語(논어)]

한자자격시험 4급

近 墨 者 黑
근 묵 자 흑

近 가까울 근
墨 먹 묵
者 사람 자
黑 검을 흑

먹을 가까이 하면 검어짐. 나쁜 사람을 가까이 하
면 그 자신도 물들기 쉽다는 뜻

金 蘭 之 交
금 란 지 교

金 쇠 금
蘭 난초 란
之 어조사 지
交 사귈 교

쇠같이 굳고 난초같이 향기로운 사귐. 지극히 친한 사이 [易經(역경)]

金 石 之 交
금 석 지 교

金 쇠 금
石 돌 석
之 어조사 지
交 사귈 교

굳고 변함없는 우정. 또는 그런 약속

金 城 湯 池
금 성 탕 지

金 쇠 금
城 성곽 성
湯 끓을 탕
池 못 지

쇠로 만든 성곽과 끓는 물로 채운 연못. 방비가 튼튼한 성을 이름 : 金城鐵壁(금성철벽) [漢書(한서)]

錦 衣 夜 行
금 의 야 행

錦 비단 금
衣 옷 의
夜 밤 야
行 갈 행

비단옷을 입고 밤에 돌아다님. '아무 보람이 없는 일을 자랑스레 함'을 비유

한 자 자 격 시 험　4급

錦衣玉食
금 의 옥 식

錦 비단 금
衣 옷 의
玉 구슬 옥
食 밥 식

비단옷에 흰 쌀밥. 즉, 의식이 아주 사치스럽고 호화로운 생활을 말함 [宋史(송사)]

한 자 자 격 시 험　4급

錦衣還鄉
금 의 환 향

錦 비단 금
衣 옷 의
還 돌아올 환
鄉 고을 향

비단 옷을 입고 고향으로 돌아옴. 출세하고 성공하여 고향으로 돌아옴 [南史(남사)]

한 자 자 격 시 험　4급

金枝玉葉
금 지 옥 엽

金 쇠 금
枝 가지 지
玉 구슬 옥
葉 잎 엽

금 같은 가지와 옥 같은 잎. '임금의 자손'. 또는 '귀여운 자손'의 비유

한 자 자 격 시 험　4급

氣高萬丈
기 고 만 장

氣 기운 기
高 높을 고
萬 일만 만
丈 길이 장

'일이 뜻대로 잘되어 뽐내는 기세가 대단함'을 비유하는 말

한자자격시험 4급

吉凶禍福
길 흉 화 복

吉 길할 길
凶 흉할 흉
禍 재화 화
福 복 복

'운수'를 풀어서 달리 이르는 말

한자자격시험 4급

內憂外患
내 우 외 환

內 안 내
憂 근심 우
外 밖 외
患 근심 환

나라 안의 걱정, 나라 밖에서 오는 근심. 즉 나라 안팎의 어려운 사태를 이르는 말 [國語(국어)]

한자자격시험 4급

內柔外剛
내 유 외 강

內 안 내
柔 부드러울 유
外 밖 외
剛 굳셀 강

안으로는 부드러우나 겉으로는 굳셈

[易經(역경)]

한자자격시험 4급

怒甲移乙
노 갑 이 을

怒 성낼 노
甲 천간 갑
移 옮길 이
乙 천간 을

당사자가 아닌 엉뚱한 사람에게 화를 내거나 분풀이를 함

한 자 자 격 시 험 4급

怒氣衝天
노 기 충 천

怒 성낼 노
氣 기운 기
衝 찌를 충
天 하늘 천

노기가 하늘을 찌를 정도임

한 자 자 격 시 험 4급

累卵之危
누 란 지 위

累 포갤 루
卵 알 란
之 어조사 지
危 위태로울 위

알을 쌓아 놓은 것처럼 위태로움

: 累卵之勢(누란지세) 百尺竿頭(백척간두) [史記(사기)]

한 자 자 격 시 험 4급

斷機之戒
단 기 지 계

斷 끊을 단
機 베틀 기
之 어조사 지
戒 경계할 계

짜던 베를 끊어 자식을 훈계함. 학업을 중도에서
포기해서는 안 됨을 이르는 말

: 孟母斷機(맹모단기) [後漢書(후한서)]

→ 맹자가 학업을 중단하고 돌아왔을 때, 맹자의
어머니가 짜던 베를 칼로 끊어서 훈계했다는 고사
에서 온 말

한 자 자 격 시 험 4급

單刀直入
단 도 직 입

單 홑 단
刀 칼 도
直 곧을 직
入 들 입

홀로 칼을 휘두르며 적진에 쳐들어감. 말을 할 때 서
두는 빼고 요점을 바로 말하는 것 [傳燈錄(전등록)]

大器晚成
대 기 만 성

大 큰 대
器 그릇 기
晚 늦을 만
成 이룰 성

큰 그릇은 천천히 이루어 짐. 큰 인물은 늦게 두각을 나타내어 성공한다는 말 [老子(노자)]

大聲痛哭
대 성 통 곡

大 큰 대
聲 소리 성
痛 아플 통
哭 울 곡

큰 소리를 내며 슬피 우는 것

同價紅裳
동 가 홍 상

同 한가지 동
價 값 가
紅 붉을 홍
裳 치마 상

같은 값이면 다홍치마. 같은 값이면 빛이 좋은 물건을 가진다는 뜻

東奔西走
동 분 서 주

東 동녘 동
奔 달릴 분
西 서녘 서
走 달릴 주

사방으로 바쁘게 돌아다님

한 자 자 격 시 험 4 급

同床異夢
동 상 이 몽

同 한가지 동
床 평상 상
異 다를 이
夢 꿈 몽

같은 침상에서 자면서도 서로 다른 꿈을 꿈. 같이 행동하면서 서로 딴 생각을 함

한 자 자 격 시 험 4 급

登高自卑
등 고 자 비

登 오를 등
高 높을 고
自 스스로 자
卑 낮을 비

지위가 높아질수록 스스로를 낮춘다는 뜻
[中庸(중용)]

한 자 자 격 시 험 4 급

莫上莫下
막 상 막 하

莫 없을 막
上 위 상
莫 없을 막
下 아래 하

서로 위, 아래가 없이 비슷하여 우열을 가리기 어려움

한 자 자 격 시 험 4 급

莫逆之友
막 역 지 우

莫 없을 막
逆 거스를 역
之 어조사 지
友 벗 우

마음속에 거스릴 것이 없는 친구. 서로 마음이 맞는 벗 : 莫逆之交(막역지교) [莊子(장자)]

한 자 자 격 시 험 4 급

萬頃蒼波
만 경 창 파

萬 일만 만
頃 넓을 경
蒼 푸를 창
波 물결 파

넓은 바다나 호수의 푸른 아름다운 물결

한 자 자 격 시 험 4 급

亡羊之歎
망 양 지 탄

亡 잃을 망
羊 양 양
之 어조사 지
歎 탄식할 탄

갈림길이 많아 양을 잃고 찾지 못함을 한탄함. '어떤 일을 해결할 방법을 찾지 못하여 한탄함'을 비유함 [列子(열자)]

한 자 자 격 시 험 4 급

面從腹背
면 종 복 배

面 낯 면
從 좇을 종
腹 배 복
背 등 배

보는 앞에서는 따르는 척하나 속으로는 배신함

한 자 자 격 시 험 4 급

滅私奉公
멸 사 봉 공

滅 없앨 멸
私 사사로울 사
奉 받들 봉
公 여럿 공

공무(公務)를 함에 있어 사사로운 마음을 버림

38

한 자 자 격 시 험 4급

名 實 相 符
명 실 상 부

名 이름 명
實 실제 실
相 서로 상
符 맞을 부

이름난 것과 같이 실제로 매우 잘함

한 자 자 격 시 험 4급

明 若 觀 火
명 약 관 화

明 밝을 명
若 같을 약
觀 볼 관
火 불 화

불을 보듯이 명백함

[書經(서경)]

한 자 자 격 시 험 4급

命 在 頃 刻
명 재 경 각

命 목숨 명
在 있을 재
頃 잠깐 경
刻 새길 각

목숨이 끊어질 지경에 이름. 매우 위태로운 지경

한 자 자 격 시 험 4급

目 不 忍 見
목 불 인 견

目 눈 목
不 아닐 불
忍 참을 인
見 볼 견

차마 눈뜨고 볼 수 없는 참상이나 꼴불견

한 자 자 격 시 험 4급
武 陵 桃 源
무 릉 도 원

武 굳셀 무
陵 언덕 릉
桃 복숭아 도
源 물근원 원

무릉의 복숭아 밭. 별천지를 일컫는 말

[陶淵明(도연명)의 桃花源記(도화원기)]

→ 쯥(진)나라 때 무릉의 한 어부가 복숭아 꽃잎이 떠내려 오는 것을 보고 배를 저어 가보니 경치 좋은 마을이 나타났다는 별천지

한 자 자 격 시 험 4급
勿 失 好 機
물 실 호 기

勿 말 물
失 잃을 실
好 좋을 호
機 기회 기

좋은 기회를 놓치지 않음

한 자 자 격 시 험 4급
拍 掌 大 笑
박 장 대 소

拍 칠 박
掌 손바닥 장
大 큰 대
笑 웃을 소

손뼉을 치며 한바탕 크게 웃음

한 자 자 격 시 험 4급
拔 本 塞 源
발 본 색 원

拔 뺄 발
本 근본 본
塞 막을 색
源 근원 원

뿌리를 뽑아 일의 근원을 막음. 원인을 철저히 다스려 다시는 일이 일어나지 않게 함

[春秋左氏傳(춘추좌씨전)]

40
국어 실력으로 이어지는 수(秀) 한자: 사자성어 및 부록

한 자 자 격 시 험 4 급

百 計 無 策
백　계　무　책

百 일백 백
計 꾀 계
無 없을 무
策 꾀 책

온갖 방법을 다 생각해 봐도 좋은 대책이 없음

한 자 자 격 시 험 4 급

夫 爲 婦 綱
부　위　부　강

夫 지아비 부
爲 할 위
婦 부인 부
綱 벼리 강

남편은 부인의 벼리가 되어야 함

한 자 자 격 시 험 4 급

父 爲 子 綱
부　위　자　강

父 아버지 부
爲 할 위
子 아들 자
綱 벼리 강

아버지는 자식의 벼리가 되어야 함

한 자 자 격 시 험 4 급

不 知 其 數
부　지　기　수

不 아닐 부
知 알 지
其 그 기
數 셀 수

그 수를 헤아릴 수 없을 정도로 매우 많음

한자자격시험 4급

附和雷同
부　화　뇌　동

附 붙을 부
和 화할 화
雷 우레 뇌
同 한가지 동

일정한 견식도 없이, 상대의 의견에 찬동하고 같이
행동함 [禮記(예기)]

한자자격시험 4급

不恥下問
불　치　하　문

不 아닐 불
恥 부끄러울 치
下 아래 하
問 물을 문

아랫사람에게 묻는 것을 부끄러워하지 않음

[論語(논어)]

한자자격시험 4급

不偏不黨
불　편　부　당

不 아닐 불
偏 치우칠 편
不 아닐 불
黨 무리 당

어느 편에도 치우치지 않음

[書經(서경)]

한자자격시험 4급

氷炭之間
빙　탄　지　간

氷 얼음 빙
炭 숯 탄
之 어조사 지
間 사이 간

얼음과 숯 사이. '서로 함께 있을 수 없는 사이'를 비
유하여 이르는 말

국어 실력으로 이어지는 수(秀) 한자: 사자성어 및 부록

四分五裂 사 분 오 열
한 자 자 격 시 험 4 급

四 넉 사
分 나눌 분
五 다섯 오
裂 찢을 열

여러 갈래로 나누어지고 갈기갈기 찢어짐

[史記(사기)]

沙上樓閣 사 상 누 각
한 자 자 격 시 험 4 급

沙 모래 사
上 위 상
樓 다락 누
閣 집 각

모래 위에 지은 집. 기초가 없어 곧 무너짐 또는
실현 불가능한 일을 이름

山紫水明 산 자 수 명
한 자 자 격 시 험 4 급

山 뫼 산
紫 자줏빛 자
水 물 수
明 밝을 명

산은 자줏빛이고, 물은 맑음. 즉, 산수의 경치가 아
름다움

森羅萬象 삼 라 만 상
한 자 자 격 시 험 4 급

森 수풀 삼
羅 벌일 라
萬 일만 만
象 코끼리 상

우주 만물 사이에 벌어지는 온갖 현상

한자자격시험 4급	三 석 삼
三 旬 九 食	旬 열흘 순
삼 순 구 식	九 아홉 구
	食 밥 식

삼십일에 아홉 끼만 먹음. 즉, 몹시 가난하여 식사
를 제대로 못하고 굶음

한자자격시험 4급	三 석 삼
三 從 之 道	從 따를 종
삼 종 지 도	之 어조사 지
	道 길 도

여자가 지켜야 하는 세 가지 도리. 어려서는 아버
지를 따라야 하고, 시집가서는 남편을 따라야하고,
남편이 죽은 뒤에는 아들을 따라야 하는 것

한자자격시험 4급	桑 뽕나무 상
桑 田 碧 海	田 밭 전
상 전 벽 해	碧 푸를 벽
	海 바다 해

뽕나무 밭이 푸른 바다가 됨. 세상이 덧없이 변하
는 것을 한탄하는 말 [劉廷芝(유정지)의 詩(시)]

한자자격시험 4급	先 먼저 선
先 見 之 明	見 볼 견
선 견 지 명	之 어조사 지
	明 밝을 명

미리 앞을 꿰뚫어 보는 눈. 앞일을 내다보는 지혜
를 이름 [後漢書(후한서)]

국어 실력으로 이어지는 수(秀) 한자: 사자성어 및 부록

한 자 자 격 시 험 4 급

雪上加霜
설 상 가 상

雪 눈 설
上 위 상
加 더할 가
霜 서리 상

눈 위에 서리가 내림. 고난이 겹치는 것을 비유하는 말

한 자 자 격 시 험 4 급

束手無策
속 수 무 책

束 묶을 속
手 손 수
無 없을 무
策 꾀 책

아무런 방법이 없어 꼼짝 못함

한 자 자 격 시 험 4 급

首丘初心
수 구 초 심

首 머리 수
丘 언덕 구
初 처음 초
心 마음 심

여우가 죽을 때는 머리를 제 살던 굴로 향하고 처음 마음으로 돌아감. 고향을 그리워하는 마음을 비유하는 말 [禮記(예기)]

한 자 자 격 시 험 4 급

壽福康寧
수 복 강 녕

壽 목숨 수
福 복 복
康 편안 강
寧 편안 녕

오래 살고 복되며 건강하고 평안함

手 不 釋 卷
수 불 석 권

手 손 수
不 아닐 불
釋 풀 석
卷 책 권

손에서 책을 놓지 않음. 독서를 매우 좋아함

修 身 齊 家
수 신 제 가

修 닦을 수
身 몸 신
齊 가지런할 제
家 집 가

자기 심신을 닦고 가정을 가지런히 함 [大學(대학)]

水 魚 之 交
수 어 지 교

水 물 수
魚 물고기 어
之 어조사 지
交 사귈 교

물과 물고기의 사이같이 서로 떨어질 수 없는 아주 가까운 사귐. 군신 또는 부부의 친밀함을 이르는 말 [三國志(삼국지)]

守 株 待 兎
수 주 대 토

守 지킬 수
株 기둥 주
待 기다릴 대
兎 토끼 토

나무 그루터기를 지키며 토끼를 기다림. 우연한 행운을 기대하는 어리석음을 비유함 [韓非子(한비자)]

→ 宋(송)나라 농부가 밭일을 하고 있는데 토끼가 숲에서 나오다가 기둥에 받혀서 죽자 일은 안하고 또 다른 토끼가 받혀 죽기만을 기다렸다는 고사에서 온 말

한 자 자 격 시 험 4 급

宿 虎 衝 鼻
숙 호 충 비

宿 잘 숙
虎 범 호
衝 찌를 충
鼻 코 비

자는 범 콧구멍 쑤시기. 쓸데없는 행동으로 화를 자초하는 것을 말함 [宋南雜識(송남잡지)]

한 자 자 격 시 험 4 급

始 終 一 貫
시 종 일 관

始 처음 시
終 끝 종
一 한 일
貫 꿸 관

처음부터 끝까지 한결같음
: 始終如一(시종여일)

한 자 자 격 시 험 4 급

識 字 憂 患
식 자 우 환

識 알 식
字 글자 자
憂 근심 우
患 근심 환

아는 것이 도리어 우환이 된다는 말
[三國志(삼국지)]

47

神出鬼沒
신 출 귀 몰

神 귀신 신
出 날 출
鬼 귀신 귀
沒 없어질 몰

귀신같이 나타났다가 홀연히 사라짐. 자유자재로
출몰하여 그 변화무쌍함을 헤아릴 수가 없음

[淮南子(회남자)]

深思熟考
심 사 숙 고

深 깊을 심
思 생각 사
熟 익을 숙
考 생각할 고

신중을 기하여 곰곰이 생각함

深山幽谷
심 산 유 곡

深 깊을 심
山 뫼 산
幽 그윽할 유
谷 골짜기 곡

깊은 산, 그윽한 골짜기
: 深山窮谷(심산궁곡) [列子(열자)]

我田引水
아 전 인 수

我 나 아
田 밭 전
引 끌 인
水 물 수

제 논에 물 대기. 자기에게만 이롭도록 주장하고
행동하는 것을 말함

한자자격시험 4급

安貧樂道
안 빈 낙 도

安 편안 안
貧 가난할 빈
樂 즐거울 락
道 길 도

가난한 생활을 하면서도 편안한 마음으로 도(道)를 즐김

한자자격시험 4급

梁上君子
양 상 군 자

梁 들보 량
上 위 상
君 임금 군
者 놈 자

들보 위에 있는 군자. 즉, '도둑'을 완곡하게 이르는 말 [後漢書(후한서)]

→ 漢(한)의 진식(陳寔)이 들보 위에 도둑이 숨어 잇음을 알고 '사람이 모두가 선량하나 한 번 나쁜 버릇이 들면 악인이 되는 것이니 저 '양상군자'도 그러하다'라며 아들을 훈계하자, 듣고 있던 도둑이 감복하여 내려와 사죄했다는 고사에서 비롯된 말

한자자격시험 4급

魚頭肉尾
어 두 육 미

魚 물고기 어
頭 머리 두
肉 고기 육
尾 꼬리 미

생선은 머리 부분이, 고기는 꼬리 부분이 맛있다고 꼬드기는 말

49

漁夫之利
어 부 지 리

漁 고기잡을 어
夫 사나이 부
之 어조사 지
利 이로울 리

새와 조개가 싸우는 동안에 제3자인 어부가 이득을 봄

: 蚌鷸之勢(방휼지세) [戰國策(전국책)]

億兆蒼生
억 조 창 생

億 억 억
兆 조 조
蒼 푸를 창
生 날 생

수많은 백성을 말함

: 億萬蒼生(억만창생)

抑强扶弱
억 강 부 약

抑 누를 억
强 강할 강
扶 도울 부
弱 약할 약

강자를 누르고 약자를 도와줌

[三國志(삼국지)]

嚴妻侍下
엄 처 시 하

嚴 엄할 엄
妻 아내 처
侍 모실 시
下 아래 하

아내에게 쥐여 사는 사람을 비웃는 말

한 자 자 격 시 험 4급

如 履 薄 氷
여 리 박 빙

如 같을 여
履 밟을 리
薄 엷을 박
氷 얼음 빙

'아슬아슬하고 위험한 일'을 비유하여 이르는 말

한 자 자 격 시 험 4급

易 地 思 之
역 지 사 지

易 바꿀 역
地 땅 지
思 생각 사
之 그것 지

처지를 바꾸어서 생각함

한 자 자 격 시 험 4급

五 車 之 書
오 거 지 서

五 다섯 오
車 수레 거
之 어조사 지
書 책 서

다섯 수레 정도의 책을 읽어야 한다는 의미

한 자 자 격 시 험 4급

烏 合 之 卒
오 합 지 졸

烏 까마귀 오
合 합할 합
之 어조사 지
卒 군사 졸

질서나 규율이 없는 병졸이나 군중
[史記(사기)]

龍頭蛇尾
용 두 사 미

龍 용 룡
頭 머리 두
蛇 뱀 사
尾 꼬리 미

용의 머리와 뱀의 꼬리. 시작은 야단스럽게 하나
끝은 흐지부지됨을 비유하는 말 [碧巖集(벽암집)]

龍尾鳳湯
용 미 봉 탕

龍 용 룡
尾 꼬리 미
鳳 봉황 봉
湯 국 탕

아주 맛이 좋은 음식

優柔不斷
우 유 부 단

優 넉넉할 우
柔 부드러울 유
不 아닐 부
斷 끊을 단

어물거리고 결단력이 없음
[漢書(한서)]

流芳百世
유 방 백 세

流 흐를 류
芳 꽃다울 방
百 일백 백
世 세대 세

꽃다운 이름이 후세에 길이 전한다는 뜻
[晉書(진서)]

국어 실력으로 이어지는 수(秀) 한자: 사자성어 및 부록

悠悠自適
유 유 자 적
한 자 자 격 시 험 4 급

悠 멀 유
悠 멀 유
自 스스로 자
適 맞을 적

속세를 떠나 아무 거리낌 없이 자기 하고 싶은 대로 하며 살아감

隱忍自重
은 인 자 중
한 자 자 격 시 험 4 급

隱 숨을 은
忍 참을 인
自 스스로 자
重 무거울 중

괴로움을 숨기고 참으며 몸가짐을 조심함

人面獸心
인 면 수 심
한 자 자 격 시 험 4 급

人 사람 인
面 낯 면
獸 짐승 수
心 마음 심

사람의 얼굴을 하였으나 마음은 짐승 같음. 의리, 인정이 없음을 비유하는 말 [漢書(한서)]

日久月心
일 구 월 심
한 자 자 격 시 험 4 급

日 날 일
久 오랠 구
月 달 월
心 마음 심

세월이 흘러 오래될수록 자꾸만 더해짐

一刀兩斷
일 도 양 단

一 한 일
刀 칼 도
兩 두 량
斷 끊을 단

한 칼에 두 동강을 냄. 즉, 머뭇거리지 않고 선뜻 결단력 있게 일을 처리함 [朱子語類(주자어류)]

一以貫之
일 이 관 지

一 한 일
以 써 이
貫 꿸 관
之 그것 지

한 가지 이치로 여러 일을 꿰뚫음

[論語(논어)]

一日之長
일 일 지 장

一 한 일
日 날 일
之 어조사 지
長 어른 장

하루 먼저 난 선배. 자기보다 조금 나은 선배

[論語(논어)]

一場春夢
일 장 춘 몽

一 한 일
場 마당 장
春 봄 춘
夢 꿈 몽

흔적도 없이 가는 봄날의 꿈과 같이 인생의 부귀영화도 허무하고 덧없다는 말 [侯鯖錄(후청록)]

한 자 자 격 시 험 4 급

一 觸 卽 發
일 촉 즉 발

一 한 일
觸 닿을 촉
卽 곧 즉
發 일어날 발

조금만 닿아도 폭발함. 매우 위험한 상태

한 자 자 격 시 험 4 급

一 片 丹 心
일 편 단 심

一 한 일
片 조각 편
丹 붉을 단
心 마음 심

한 조각 변치 않는 참된 마음

한 자 자 격 시 험 4 급

一 筆 揮 之
일 필 휘 지

一 한 일
筆 붓 필
揮 휘두를 휘
之 어조사 지

글씨를 단숨에 내려씀

한 자 자 격 시 험 4 급

臨 機 應 變
임 기 응 변

臨 임할 임
機 때 기
應 응할 응
變 변할 변

형세 변화에 따라 적절히 대처해 감

[唐書(당서)]

立 身 揚 名
입 신 양 명

立 설 립
身 몸 신
揚 날릴 양
名 이름 명

출세하여 이름을 세상에 드날림

: 立身出世(입신출세)

自 激 之 心
자 격 지 심

自 스스로 자
激 격할 격
之 어조사 지
心 마음 심

스스로 부족함을 느껴 분발하려는 마음

自 中 之 亂
자 중 지 란

自 스스로 자
中 가운데 중
之 어조사 지
亂 어지러울 란

같은 패거리 안에서 일어난 싸움

轉 禍 爲 福
전 화 위 복

轉 옮길 전
禍 재앙 화
爲 할 위
福 복 복

화가 도리어 복이 됨

[史記(사기)]

切齒腐心
절 치 부 심
한 자 자 격 시 험 4급

切 끊을 절
齒 이 치
腐 썩을 부
心 마음 심

몹시 분하여 갖은 노력을 다함

漸入佳境
점 입 가 경
한 자 자 격 시 험 4급

漸 점점 점
入 들 입
佳 아름다울 가
境 지경 경

가면 갈수록 더 볼만해짐

[晉書(진서)]

足脫不及
족 탈 불 급
한 자 자 격 시 험 4급

足 발 족
脫 벗을 탈
不 아닐 불
及 미칠 급

발을 벗고 뛰어도 못 미침. 상대를 따라잡기에는
역량과 재주가 매우 모자람을 말함

存亡之秋
존 망 지 추
한 자 자 격 시 험 4급

存 있을 존
亡 망할 망
之 어조사 지
秋 가을 추

사느냐 죽느냐의 생존이 달려 있는 절박한 시기

[諸葛亮(제갈량)의 前出師表(전출사표)]

한 자 자 격 시 험 4 급

縱 橫 無 盡
종 횡 무 진

縱 세로 종
橫 가로 횡
無 없을 무
盡 다할 진

자유자재로 행동하여 거침이 없는 상태

한 자 자 격 시 험 4 급

坐 不 安 席
좌 불 안 석

坐 앉을 좌
不 아닐 불
安 편안 안
席 자리 석

마음이 불안하거나 걱정스러워 한군데 오래 있지
못하고 안절부절 못함을 이름

한 자 자 격 시 험 4 급

坐 井 觀 天
좌 정 관 천

坐 앉을 좌
井 우물 정
觀 볼 관
天 하늘 천

우물 밑에 앉아서 하늘 보기. 사람의 견문이 지극
히 좁음을 비유한 말 : 井中之蛙(정중지와)

한 자 자 격 시 험 4 급

左 之 右 之
좌 지 우 지

左 왼 좌
之 그것 지
右 오른 우
之 그것 지

이리저리 제멋대로 휘두름

左 왼 좌
衝 찌를 충
右 오른 우
突 부딪칠 돌

左衝右突
좌 충 우 돌
한자자격시험 4급

좌우로 지르고 부딪침. 아무에게나 함부로 맞닥뜨리는 것을 이름 [書言故事(서언고사)]

畫 낮 주
耕 밭갈 경
夜 밤 야
讀 읽을 독

畫耕夜讀
주 경 야 독
한자자격시험 4급

낮에는 농사짓고 밤에는 글을 읽음. 틈을 내어 어렵게 공부하는 것을 말함 [魏書(위서)]

酒 술 주
池 못 지
肉 고기 육
林 수풀 림

酒池肉林
주 지 육 림
한자자격시험 4급

못과 같이 술이 많고, 숲과 같이 고기가 많음. '호사스런 술잔치'를 비유하여 이르는 말 [史記(사기)]

衆 무리 중
寡 적을 과
不 아닐 부
敵 대적할 적

衆寡不敵
중 과 부 적
한자자격시험 4급

적은 수로는 많은 수를 이길 수 없음

支 離 滅 裂
지 리 멸 렬

支 가를 지
離 떼놓을 리
滅 없앨 멸
裂 찢을 렬

이리저리 흩어져 없어짐

知 命 之 年
지 명 지 년

知 알 지
命 목숨 명
之 어조사 지
年 해 년

천명을 아는 나이. 쉰 살의 나이를 이르는 말
[論語(논어)]

進 退 維 谷
진 퇴 유 곡

進 나아갈 진
退 물러날 퇴
維 오직 유
谷 골 곡

궁지에 처해 나아가지도 물러서지도 못하는 지경
: 進退兩難(진퇴양난)

此 日 彼 日
차 일 피 일

此 이 차
日 날 일
彼 저 피
日 날 일

'약속이나 기한 따위를 미적미적 미루는 태도'를 비
유한 말

국어 실력으로 이어지는 수(秀) 한자: 사자성어 및 부록

한자자격시험 4급

天高馬肥
천 고 마 비

天 하늘 천
高 높을 고
馬 말 마
肥 살찔 비

하늘은 높고 말은 살찜. 가을이 좋은 계절임을 이르는 말

한자자격시험 4급

天壤之差
천 양 지 차

天 하늘 천
壤 흙 양
之 어조사 지
差 다를 차

하늘과 땅의 아주 큰 차이. 사물이 서로 엄청나게 다름을 이르는 말 : 天壤之間(천양지간)

한자자격시험 4급

徹頭徹尾
철 두 철 미

徹 통할 철
頭 머리 두
徹 통할 철
尾 꼬리 미

머리부터 꼬리까지 통함. 처음부터 끝까지 철저하게 통한다는 말

한자자격시험 4급

醉生夢死
취 생 몽 사

醉 취할 취
生 날 생
夢 꿈 몽
死 죽을 사

술에 취한 것같이 흐리멍덩하게 꿈꾸듯 인생을 살아감

置 之 度 外
치 지 도 외

置 둘 치
之 어조사 지
度 법도 도
外 밖 외

마음에 두지 않음. 度外視(도외시)함

[後漢書(후한서)]

七 去 之 惡
칠 거 지 악

七 일곱 칠
去 버릴 거
之 어조사 지
惡 악할 악

예전에 아내를 내쫓을 수 있는 일곱 가지 나쁜 행실

→ 1. 부모에 순종치 않음(不順父母(불순부모)) 2. 자식을 못 낳음(無子(무자)) 3. 음탕함(淫行(음행)) 4. 질투함(嫉妬(질투)) 5. 고질병(惡疾(악질)) 6. 말이 많음(多言(다언)) 7. 훔침(竊盜(절도))

他 山 之 石
타 산 지 석

他 다를 타
山 뫼 산
之 어조사 지
石 돌 석

남의 산에 나는 돌도 제 옥을 가는 데는 소용이 됨. 즉 하찮은 타인의 행동도 자기의 도를 닦는 데는 반성과 본보기가 됨 : 反面教師(반면교사) [詩經(시경)]

한자자격시험 4급

泰山北斗
태 산 북 두

泰 클 태
山 뫼 산
北 북녘 북
斗 말 두

태산과 북두칠성. 唐(당)의 文人(문인) 韓愈(한유)를
일컬음. 모든 사람이 우러르고 존경하는 인물
[唐書(당서)]

한자자격시험 4급

破邪顯正
파 사 현 정

破 깰 파
邪 거짓 사
顯 나타날 현
正 바를 정

邪道(사도)를 깨뜨리고 定法(정법)을 나타냄. 그릇된
것을 올바르게 바로 잡는다는 말 [史記(사기)]

한자자격시험 4급

破顏大笑
파 안 대 소

破 깰 파
顏 얼굴 안
大 큰 대
笑 웃을 소

얼굴 모양을 깨뜨리며 크게 웃음

한자자격시험 4급

破竹之勢
파 죽 지 세

破 깰 파
竹 대 죽
之 어조사 지
勢 형세 세

대나무가 쪼개어지듯 단호하고 맹렬한 기세. 대적
할 상대가 없음을 말함 [晉書(진서)]

表 裏 不 同
표 리 부 동

表 겉 표
裏 속 리
不 아닐 부
同 한가지 동

겉과 속이 다른 것. 즉 속이 음흉함

: 口蜜腹劍(구밀복검)

皮 骨 相 接
피 골 상 접

皮 가죽 피
骨 뼈 골
相 서로 상
接 닿을 접

살갗과 뼈가 맞닿을 정도로 몹시 여윈 것을 이름

彼 此 一 般
피 차 일 반

彼 저 피
此 이 차
一 한 일
般 돌 반

두 편이 서로 같음

下 石 上 臺
하 석 상 대

下 아래 하
石 돌 석
上 위 상
臺 돈대 대

아랫돌을 빼서 위를 굄. 임시변통으로 이리저리 둘
러맞춤: 彌縫策(미봉책)

국어 실력으로 이어지는 수(秀) 한자: 사자성어 및 부록

한자자격시험 4급	
鶴首苦待 학 수 고 대	鶴 학 학 首 머리 수 苦 쓸 고 待 기다릴 대

학같이 목을 길게 배고 기다림. 몹시 기다린다는 말

한자자격시험 4급	
恒茶飯事 항 다 반 사	恒 항상 항 茶 차 다 飯 밥 반 事 일 사

흔하게 항상 있는 일. 일이 자주 발생됨

한자자격시험 4급	
賢母良妻 현 모 양 처	賢 어질 현 母 어미 모 良 어질 량 妻 아내 처

어진 어머니이면서 착한 아내

한자자격시험 4급	
浩然之氣 호 연 지 기	浩 클 호 然 그러할 연 之 어조사 지 氣 기운 기

하늘과 땅 사이에 가득 찬 넓고 큰 원기. 한량없이
넓고 거침없이 큰 기개

한자자격시험 4급
紅 爐 點 雪
홍 로 점 설

紅 붉을 홍
爐 화로 로
點 점 점
雪 눈 설

붉은 화로 위에 한 점의 눈덩이. 뜨거운 화로의 눈이 곧 녹아 없어지듯 의혹이나 사욕이 없어진다는 뜻으로, 큰 것 앞에서 맥을 못 추는 매우 작은 것
[史記(사기)]

한자자격시험 4급
興 亡 盛 衰
흥 망 성 쇠

興 일어날 흥
亡 망할 망
盛 성할 성
衰 쇠할 쇠

흥하고 망하고 성하고 쇠함
[王勃(왕발)의 글(文(문))]

한자자격시험 4급
喜 怒 哀 樂
희 로 애 락

喜 기쁠 희
怒 성낼 노
哀 슬플 애
樂 즐거울 락

기쁨, 노여움, 슬픔, 즐거움. 즉 사람의 온갖 감정

한자자격시험 3급
街 談 巷 說
가 담 항 설

街 거리 가
談 말씀 담
巷 거리 항
說 말씀 설

거리에 떠도는 이야기. 뜬소문
: 道聽塗說(도청도설) [漢書(한서)]

국어 실력으로 이어지는 수(秀) 한자: 사자성어 및 부록

한 자 자 격 시 험 3 급
刻 骨 難 忘
각 골 난 망

刻 새길 각
骨 뼈 골
難 어려울 난
忘 잊을 망

은혜를 입은 고마움이 마음에 깊이 새겨져 잊히지
않는다는 말 [後漢書(후한서)]

한 자 자 격 시 험 3 급
刻 舟 求 劍
각 주 구 검

刻 새길 각
舟 배 주
求 구할 구
劍 칼 검

배에서 검을 떨어뜨리고 그 지점을 뱃전에 표시함.
'어리석고 미련함'을 비유하여 이르는 말

[呂氏春秋(여씨춘추)]

한 자 자 격 시 험 3 급
感 慨 無 量
감 개 무 량

感 느낄 감
慨 슬퍼할 개
無 없을 무
量 헤아릴 량

감동이나 느낌이 한이 없음

한 자 자 격 시 험 3 급
擧 案 齊 眉
거 안 제 미

擧 들 거
案 상 안
齊 가지런할 제
眉 눈썹 미

밥상을 눈썹 높이만큼 가지런히 들어 올림. 아내가
남편을 지극히 공경하는 것을 비유 [後漢書(후한서)]

67

乞 人 憐 天
걸 인 련 천

乞 빌 걸
人 사람 인
憐 불쌍히 여길 련
天 하늘 천

거지가 하늘을 불쌍히 여김. 자기의 불운한 처지
는 생각지 않고 남을 동정함을 비유하여 말함
[旬五志(순오지)]

牽 强 附 會
견 강 부 회

牽 끌 견
强 억지로 강
附 붙을 부
會 모을 회

가당치 않은 말로 억지로 끌어대어 조리에 닿도록
꾸밈 [國語(국어)]

鷄 鳴 狗 盜
계 명 구 도

鷄 닭 계
鳴 울 명
狗 개 구
盜 도둑 도

닭 소리를 잘 내는 자와 개를 가장하여 남의 물건
을 훔치는 사람. 하찮은 재주도 요긴히 쓰일 때가
있다는 말 [戰國策(전국책)]

→ 춘추시대에 齊(제)의 소왕이 맹상군을 연금하
자, 맹상군은 식객 중에서 개 짖는 소리를 잘 내는
자와 닭 소리를 잘 내는 자를 이용하여 성문을 열
게 하고 빠져나온 고사에서 나온 말

한 자 자 격 시 험 3 급

高 枕 安 眠
고 침 안 면

高 높을 고
枕 베개 침
安 편안 안
眠 잘 면

베개를 높이 베고 편안히 잠

한 자 자 격 시 험 3 급

矯 角 殺 牛
교 각 살 우

矯 바로잡을 교
角 뿔 각
殺 죽일 살
牛 소 우

뿔을 바로잡으려다 소를 죽임. 즉, 작은 흠을 바로
잡으려다가 도리어 큰 해를 입는 것을 말함

한 자 자 격 시 험 3 급

口 蜜 腹 劍
구 밀 복 검

口 입 구
蜜 꿀 밀
腹 배 복
劍 칼 검

말은 달콤하나 뱃속에 칼이 들어 있음. 즉, 겉은 다
정하나 속으로는 해칠 생각을 함 [唐書(당서)]

한 자 자 격 시 험 3 급

口 尙 乳 臭
구 상 유 취

口 입 구
尙 오히려 상
乳 젖 유
臭 냄새 취

입에서 아직 젖 냄새가 남. 경험이 적고 언행이 유
치함을 얕잡아 이르는 말 [史記(사기)]

69

勸善懲惡
권 선 징 악

勸 권할 권
善 착할 선
懲 징계할 징
惡 악할 악

선행을 권장하고 악행을 징계함

[春秋左氏傳(춘추좌씨전)]

錦上添花
금 상 첨 화

錦 비단 금
上 위 상
添 더할 첨
花 꽃 화

'좋은 일 위에 또 좋은 일이 더하여짐'을 비유하여
이르는 말

綠楊芳草
녹 양 방 초

綠 초록빛 록
楊 버들 양
芳 꽃다울 방
草 풀 초

푸른 버드나무와 향기로운 풀. 아름다운 여름철의
자연경관

堂狗風月
당 구 풍 월

堂 집 당
狗 개 구
風 바람 풍
月 달 월

서당 개가 풍월을 읊음. 아무리 무식한 사람이라도
유식한 사람들과 함께 오래 생활하다 보면 유식해짐

국어 실력으로 이어지는 수(秀) 한자: 사자성어 및 부록

한 자 자 격 시 험 3 급

塗 炭 之 苦
도 탄 지 고

塗 진흙 도
炭 숯 탄
之 어조사 지
苦 쓸 고

진흙과 숯의 고통. 군주가 포악하여 백성들의 삶이
극히 고통스러움을 말함 [書經(서경)]

한 자 자 격 시 험 3 급

獨 也 靑 靑
독 야 청 청

獨 홀로 독
也 어조사 야
靑 푸를 청
靑 푸를 청

홀로 푸르디푸름. 홀로 절개를 굳세게 지키고 있음

한 자 자 격 시 험 3 급

同 病 相 憐
동 병 상 련

同 한가지 동
病 병들 병
相 서로 상
憐 불쌍히 여길 련

같은 병을 앓는 사람끼리 서로 불쌍히 여김. 같은
처지의 사람끼리 쉽게 가까워짐을 비유
[吳越春秋(오월춘추)]

한 자 자 격 시 험 3 급

罔 極 之 恩
망 극 지 은

罔 없을 망
極 다할 극
之 어조사 지
恩 은혜 은

한없고 끝없는 은혜. 부모님의 은혜를 말함
[詩經(시경)]

71

한자자격시험 3급

茫然自失
망 연 자 실

茫 아득할 망
然 그러할 연
自 스스로 자
失 잃을 실

넋이 나간 듯이 멍함

한자자격시험 3급

門前乞食
문 전 걸 식

門 문 문
前 앞 전
乞 빌 걸
食 밥 식

남의 집을 찾아다니며 먹을 것을 구걸함

한자자격시험 3급

傍若無人
방 약 무 인

傍 곁 방
若 같을 약
無 없을 무
人 사람 인

곁에 아무도 없는 것 같이 행동함. 주위 사람을 의식
하지 않고 제멋대로 행동하는 것을 이름 [史記(사기)]

한자자격시험 3급

背恩忘德
배 은 망 덕

背 등질 배
恩 은혜 은
忘 잊을 망
德 베풀 덕

입은 은덕을 저버리고 배반하는 일

한 자 자 격 시 험 3급

白 骨 難 忘
백 골 난 망

白 흰 백
骨 뼈 골
難 어려울 난
忘 잊을 망

백골이 되어도 은혜를 잊지 못함. 은혜나 덕을 입었을 때 고마움을 표하는 말 [春秋左氏傳(춘추좌씨전)]

한 자 자 격 시 험 3급

百 八 煩 惱
백 팔 번 뇌

百 일백 백
八 여덟 팔
煩 괴로워할 번
惱 괴로워할 뇌

불교에서 말하는 중생의 과거, 현재, 미래의 일체 번뇌

한 자 자 격 시 험 3급

朋 友 有 信
붕 우 유 신

朋 벗 붕
友 벗 우
有 있을 유
信 믿을 신

벗 사이에는 믿음이 있어야 함. 五倫(오륜)의 하나

한 자 자 격 시 험 3급

四 顧 無 親
사 고 무 친

四 넉 사
顧 돌아볼 고
無 없을 무
親 친할 친

의지할 만한 사람이 전혀 없는 외로운 사람

: 四顧無人(사고무인)

塞翁之馬
새 옹 지 마

塞 변방 새
翁 늙은이 옹
之 어조사 지
馬 말 마

변방 늙은이의 말. 인생의 길흉화복은 예측할 수 없음을 비유하는 말 [淮南子(회남자)]

→ 중국 북방의 한 노인이 기르던 암말이 달아났는데, 얼마 뒤 그 말이 수말을 데리고 돌아왔다. 어린 아들이 그 말을 타다가 떨어져 절름발이가 되었으나, 훗날 그로 인하여 전쟁터에 불려 나가는 일을 면하여 목숨을 보전하게 됐다는 이야기

騷人墨客
소 인 묵 객

騷 풍류 소
人 사람 인
墨 먹 묵
客 손 객

시인과 서예가, 화가 등 풍류를 아는 사람을 통칭하는 말 [宣和畫譜(선화화보)]

小貪大失
소 탐 대 실

小 작을 소
貪 탐낼 탐
大 큰 대
失 잃을 실

작은 것을 탐내다가 큰 것을 잃음

국어 실력으로 이어지는 수(秀) 한자: 사자성어 및 부록

한 자 자 격 시 험 3 급

脣亡齒寒
순 망 치 한

脣 입술 순
亡 잃을 망
齒 이 치
寒 찰 한

입술이 없어지면 이가 시림. '이해관계가 서로 밀접하여 한쪽이 망하면 다른 한쪽도 어렵게 됨'을 비유하여 이르는 말 [春秋左氏傳(춘추좌씨전)]

한 자 자 격 시 험 3 급

乘勝長驅
승 승 장 구

乘 탈 승
勝 이길 승
長 길 장
驅 말달릴 구

이긴 기세를 타고 거침없이 몰아쳐 나감

한 자 자 격 시 험 3 급

食少事煩
식 소 사 번

食 먹을 식
少 적을 소
事 일 사
煩 번거로울 번

먹는 것은 적고 해야 할 일은 많음 [三國志(삼국지)]

→ 蜀漢(촉한)의 諸葛亮(제갈량)이 魏(위)의 장군 司馬懿(사마의)를 끌어내어 승패를 빨리 결정지으려 했으나 사마의는 제갈량이 지치기만을 기다리면서 사신만 자주 왕래하였다. 하루는 사마의가 사자에게 물어보니, 제갈량이 식사는 적게 하고 아침부터 밤늦게까지 혼자 일을 처리한다고 했고, 제갈량은 얼마 안 있어 죽었다. 여기서 '食少事煩(식소사번)'이라 말이 나왔음

哀乞伏乞
애 걸 복 걸

哀 슬플 애
乞 빌 걸
伏 엎드릴 복
乞 빌 걸

애처롭게 엎드려 빎. 소원이나 요구 따위를 간절히
빎을 뜻하는 말

羊頭狗肉
양 두 구 육

羊 양 양
頭 머리 두
狗 개 구
肉 고기 육

양머리를 걸어 놓고 개고기를 팖. 겉으로는 훌륭한
것을 내세우고 실제로는 변변치 않음
: 牛頭馬肉(우두마육) [晏子春秋(안자춘추)]

榮枯盛衰
영 고 성 쇠

榮 영화 영
枯 마를 고
盛 성할 성
衰 쇠할 쇠

성할 때도 있고 쇠할 때로 있음 [漢書(한서)]

五里霧中
오 리 무 중

五 다섯 오
里 마을 리
霧 안개 무
中 가운데 중

5리를 덮은 안개. 안개 속같이 희미하고 모호하게
가려져서 사태의 추이를 전혀 알 수 없다는 말
[後漢書(후한서)]

吾鼻三尺
오 비 삼 척

吾 나 오
鼻 코 비
三 석 삼
尺 자 척

내 코가 석자. 내 처지도 감당 못하는데 남 돌볼
여력이 없음 [旬五志(순오지)]

烏飛梨落
오 비 이 락

烏 까마귀 오
飛 날 비
梨 배 이
落 떨어질 락

까마귀 날 자 배 떨어지기. 어떤 일을 하자마자 우
연히도 그 일에 관계되는 다른 일이 연속하여 일어
나서 오해받기 쉬운 상황을 말함 [旬五志(순오지)]

傲霜孤節
오 상 고 절

傲 거만할 오
霜 서리 상
孤 외로울 고
節 마디 절

서리에도 굽히지 않고 외로이 지키는 절개. 국화를
말함

曰可曰否
왈 가 왈 부

曰 가로 왈
可 옳을 가
曰 가로 왈
否 아닐 부

어떤 일에 대하여 옳거니 옳지 않거니 옥신각신함

搖之不動
요 지 부 동

搖 흔들 요
之 어조사 지
不 아닐 부
動 움직일 동

흔들어도 꼼짝달싹 하지 않음

遠禍召福
원 화 소 복

遠 멀 원
禍 재앙 화
召 부를 소
福 복 복

화를 멀리하고 복을 부름

唯我獨尊
유 아 독 존

唯 오직 유
我 나 아
獨 홀로 독
尊 높을 존

오직 자기만이 홀로 존경을 독차지함. 불교에서 쓰는 '天上天下 唯我獨尊'에서 온 것

→ 여기서 我(아)는 개인의 '나'를 뜻하는 것이 아니라 '우리', 즉 '모든 인간'을 지칭한다. 이 말은 모든 인간의 존귀함을 뜻하는 것이므로 '자기 자신만의 존귀함'으로 오해하면 안 된다

吟風弄月
음 풍 농 월

한 자 자 격 시 험 3급

吟 읊을 음
風 바람 풍
弄 희롱할 농
月 달 월

바람을 읊고 달을 가지고 놂. 자연에 대해 시를 짓고 흥취를 자아내며 즐기는 것을 뜻함

泥田鬪狗
이 전 투 구

한 자 자 격 시 험 3급

泥 진흙 니
田 밭 전
鬪 싸울 투
狗 개 구

진흙 밭에서 싸우는 개. 자기의 이익을 위하여 비열하게 다툼을 이르는 말

一蓮托生
일 련 탁 생

한 자 자 격 시 험 3급

一 한 일
蓮 연꽃 련
托 맡길 탁
生 날 생

좋든지 나쁘든지 행동과 운명을 같이 함

一魚濁水
일 어 탁 수

한 자 자 격 시 험 3급

一 한 일
魚 물고기 어
濁 흐릴 탁
水 물 수

물고기 한 마리가 물을 흐림. 한 사람의 잘못으로 여러 사람이 해를 입음

한 자 자 격 시 험 3 급

自 暴 自 棄
자 포 자 기

自 스스로 자
暴 사나울 포
自 스스로 자
棄 버릴 기

자기 몸을 스스로 해치고 버림. 절망 상태에 빠져 서 모든 것을 포기함 [孟子(맹자)]

한 자 자 격 시 험 3 급

朝 令 暮 改
조 령 모 개

朝 아침 조
令 하여금 령
暮 저물 모
改 고칠 개

아침에 내린 명령을 저녁에 바꿈. 나라 법이 자주 바뀌어 믿고 따를 수가 없음. 일관성 없는 정책이나 방침을 꼬집는 말
: 朝變夕改(조변석개) [史記(사기)]

한 자 자 격 시 험 3 급

朝 三 暮 四
조 삼 모 사

朝 아침 조
三 석 삼
暮 저물 모
四 넉 사

아침에 세 개, 저녁에 네 개. 눈앞에 당장 보이는 이 득에 눈이 어두워 결과가 똑같음을 모름. 또는 간사 한 꾀로 상대를 농락하는 것을 말함 [列子(열자)]

→ 중국 송나라에 원숭이를 기르는 사람이 있었는 데 원숭이들에게 도토리를 아침에 세 개, 저녁에 네 개 준다고 하니 원숭이들이 모두 성을 내므로, 다시 아침에 네 개 저녁에 세 개를 주겠다니까 모 두 좋아했다는 이야기

한 자 자 격 시 험 3 급

千辛萬苦
천 신 만 고

千 일천 천
辛 매울 신
萬 일만 만
苦 쓸 고

천 가지 만 가지 쓰라린 고통을 겪고 애를 씀

: 艱難辛苦(간난신고)

한 자 자 격 시 험 3 급

指鹿爲馬
지 록 위 마

指 가리킬 지
鹿 사슴 록
爲 할 위
馬 말 마

사슴을 가리키며 말이라고 함. 윗사람을 농락하여 권세를 농간하는 것을 말함 [史記(사기)]

→ 秦(진)나라의 趙高(조고)가 승상이 된 후 반대파를 골라내기 위하여 생각해 낸 꾀. 영문을 모르는 어린 皇帝(황제)에게 사슴을 바치며 그것을 말이라고 하자, 신하들 가운데 말이 아니라 사슴이라고 직언하는 자들이 있었다. 그 사람들을 가려내어 자기 말을 믿지 않는 자라고 여겨 처벌하였다는 이야기

한 자 자 격 시 험 3 급

取捨選擇
취 사 선 택

取 취할 취
捨 버릴 사
選 가릴 선
擇 가릴 택

취할 것은 취하고, 버릴 것은 버려서 골라잡음

貪官汚吏
탐 관 오 리

貪 탐할 탐
官 벼슬 관
汚 더러울 오
吏 벼슬아치 리

탐욕이 많고 행실이 더러운 벼슬아치. 자기 욕심만
챙기는 공무원

抱腹絶倒
포 복 절 도

抱 안을 포
腹 배 복
絶 끊을 절
倒 넘어질 도

배를 안고 끊어지고 넘어질 정도로 웃음. 기절할
정도로 크게 웃음을 말함

飽食暖衣
포 식 난 의

飽 배부를 포
食 먹을 식
暖 따뜻할 난
衣 옷 의

배불리 먹고 따뜻한 옷을 입음. 즉, 안락한 생활을
함 [孟子(맹자)]

匹夫匹婦
필 부 필 부

匹 짝 필
夫 지아비 부
匹 짝 필
婦 아내 부

평범한 남녀를 말함. 보통 사람
: 甲男乙女(갑남을녀) [孟子(맹자)]

한자자격시험 3급

軒軒丈夫
헌 헌 장 부

軒 추녀 헌
軒 추녀 헌
丈 어른 장
夫 사내 부

외모가 준수하고 성격이 활달한 장부

한자자격시험 3급

咸興差使
함 흥 차 사

咸 다 함
興 흥할 흥
差 어긋날 차
使 부릴 사

함흥으로 가 돌아오지 않는 사자. 심부름 가서 소식이 없거나 돌아오지 않음을 이르는 말

→ 조선 초 태조 李成桂(이성계)가 왕위를 선위하고 함흥에 은퇴했을 때, 太宗(태종)이 보낸 사자를 죽이거나 가두고 돌려보내지 않았던 일을 말함

한자자격시험 3급

螢雪之功
형 설 지 공

螢 반딧불 형
雪 눈 설
之 어조사 지
功 공 공

반딧불과 눈(雪) 빛으로 글을 읽어 이룬 공. 등불을 밝힐 수 없을 정도로 가난한 생활에서도 고생을 무릅쓰고 학문을 닦은 보람 [蒙求(몽구)]

→ 晋(진)나라 車胤(차윤)과 孫康(손강)이 여름엔 반딧불로 겨울엔 눈(雪)에 반사된 빛으로 책을 읽으며 가난한 시절 어렵게 공부한 고사에서 온 말

昏定晨省
혼 정 신 성
한자자격시험 3급

昏 어두울 혼
定 정할 정
晨 새벽 신
省 살필 성

저녁에는 부모의 잠자리를 살피고, 아침엔 문안 인사를 드림. 부모에게 극진히 효도하는 모양
[禮記(예기)]

弘益人間
홍 익 인 간
한자자격시험 3급

弘 넓을 홍
益 더할 익
人 사람 인
間 사이 간

널리 인간 세계를 이롭게 함. 단군의 개국 이념
[三國遺事(삼국유사)]

畵蛇添足
화 사 첨 족
한자자격시험 3급

畵 그림 화
蛇 뱀 사
添 더할 첨
足 발 족

뱀에 발을 보태어 그림. 쓸데없는 짓을 하여 오히려 실패하는 것을 말함 : 蛇足(사족) [戰國策(전국책)]

肝膽相照
간 담 상 조
한자자격시험 2급

肝 간 간
膽 쓸개 담
相 서로 상
照 비칠 조

마음속이 보일 정도로 서로 가까이 이해하고 친함

瓜田李下
과 전 이 하

瓜 오이 과
田 밭 전
李 오얏 리
下 아래 하

오이 밭과 자두 밭 아래. 남에게 혐의를 받기 쉬운 장소 혹은 그러한 경우

男負女戴
남 부 여 대

男 사내 남
負 질 부
女 계집 녀
戴 일 대

남자는 어깨에 지고 여자는 머리에 임. 가난한 사람들이 집을 떠나 떠돌아다님

南柯一夢
남 가 일 몽

南 남녘 남
柯 나뭇가지 가
一 한 일
夢 꿈 몽

한때의 헛된 부귀를 이르는 말
: 一場春夢(일장춘몽) [莊子(장자)]

→ 중국 당나라 때 순우분이라는 사람이 나무 아래에서 잠을 자다가 오랫동안 부귀영화를 누리는 꿈을 꾸었다는 이야기에서 유래된 말

勞心焦思

勞 心 焦 思
노 심 초 사

勞 일할 로
心 마음 심
焦 태울 초
思 생각 사

마음으로 애쓰고 속을 태움

[孟子(맹자)]

丹脣皓齒

丹 脣 皓 齒
단 순 호 치

丹 붉을 단
脣 입술 순
皓 흴 호
齒 이 치

붉은 입술과 하얀 이. 여자의 아름다운 얼굴을 형용하는 말

杜門不出

杜 門 不 出
두 문 불 출

杜 막을 두
門 문 문
不 아니 불
出 날 출

문을 닫고 나오지 않음. 외부와 소식을 끊고 홀로 지냄

不俱戴天

不 俱 戴 天
불 구 대 천

不 아닐 불
俱 함께 구
戴 일 대
天 하늘 천

하늘을 함께 이지 못함. 이 세상에서 같이 살 수 없을 만큼 큰 원한을 가짐

不撤晝夜
불 철 주 야

不 아닐 불
撤 거둘 철
晝 낮 주
夜 밤 야

일하는 데 밤과 낮을 가리지 않음

鵬程萬里
붕 정 만 리

鵬 붕새 붕
程 거리 정
萬 일만 만
里 거리 리

붕새를 타고 만 리를 낢. 장래가 밝지만 멀고도 멂
[莊子(장자)]

三顧草廬
삼 고 초 려

三 석 삼
顧 돌아볼 고
草 풀 초
廬 초막 려

초막집으로 세 번을 찾아감. 인재를 맞아들이기 위해 끈질기게 노력함 [三國志(삼국지)]

→ 劉備(유비)가 諸葛亮(제갈량)의 초막을 세 번이나 찾아간 고사에서 나온 말

雪膚花容
설 부 화 용

雪 눈 설
膚 살갗 부
花 꽃 화
容 얼굴 용

눈같이 흰 살결과 꽃같이 아름다운 얼굴. 미인의 아름다운 용모

纖纖玉手
섬 섬 옥 수

纖 가늘 섬
纖 가늘 섬
玉 옥 옥
手 손 수

가냘프고 옥 같은 손. 즉, 미인의 고운 손

身體髮膚
신 체 발 부

身 몸 신
體 몸 체
髮 터럭 발
膚 살갗 부

머리끝에서 살갗까지. 몸 전체를 말함

滄海一粟
창 해 일 속

滄 큰바다 창
海 바다 해
一 한 일
粟 조 속

넓은 바다에 버려진 좁쌀 한 알. 아주 하찮은 것을
이름
: 九牛一毛(구우일모) [蘇軾(소식)의 赤壁賦(적벽부)]

靑出於藍
청 출 어 람

靑 푸를 청
出 날 출
於 어조사 어
藍 쪽 람

푸른색은 쪽풀에서 나오나 쪽풀보다 푸름. 제자가
스승보다 오히려 더 낫다는 말 [荀子(순자)]

부록
1

一
字
일자다음
多
音

내릴 **강**　**降雨**(강우) - 비가 내림

　　　　　　　　昇降(승강) - 오르고 내림

항복할 **항**　**降伏**(항복) - 적의 힘에 눌려 굽힘

　　　　　　　　投降(투항) - 적에게 항복함

 다시 **갱**　**更生**(갱생) - 거의 죽을 지경에서 다시 살아남

　　　　　　　　更年期(갱년기) - 성숙기에서 노년기로 접어드는 시기

고칠 **경**　**更張**(경장) - 사회적, 정치적으로 묵은 제도 따위를 고치
　　　　　　　　어 새롭게 함

 수레 **거**　**自轉車**(자전거) - 타고 앉아서 바퀴를 돌려서 가게 된
　　　　　　　　수레

수레 **차**　**汽車**(기차) - 증기의 힘으로 가는 열차

 볼 **견**　**見學**(견학) - 보고 배움

뵈올 **현**　**謁見**(알현) - 높고 귀한 이에게 봄

 맺을 **계**　**契約**(계약) - 서로가 지켜야 할 의무에 관한 약속

부족이름 **글**　**契丹**(글안) - 거란

쇠 금 金石(금석) - 쇠붙이와 돌. 金石文字의 준말

성 김 金君(김군)

어찌 나 奈落(나락) - (梵語) 구원할 수 없는 마음의 구렁텅이

어찌 내 奈何(내하) - 어찌함

안 내 內科(내과) - 내장기관에 생긴 병을 치료하는 부문

內外(내외) - 안과 밖

여관(女官) 나 內人(나인) - 궁녀

차 다 茶菓(다과) - 차와 과자

茶室(다실) - 찻집

(俗音) 차 茶禮(차례) - 명절을 맞아 낮에 지내는 간략한 제사

붉을 단 丹靑(단청) - 옛날식 집의 벽이나 천장에 여러 가지 빛깔로 그린 그림

꽃이름 란 牡丹(모란) - 마리니아재빗과에 딸린 갈잎좀 나무이름

91

糖

엿 당

糖尿(당뇨) - 당분이 많이 섞여 나오는 오줌

麥芽糖(맥아당) - 엿당

사탕 당

砂糖(사탕) - 맛이 달고 물에 잘 녹는 식료품

雪糖(설탕) - 가루사탕

度

법도 도

度量(도량) - 너그러운 마음과 깊은 생각

制度(제도) - 사회의 규범

헤아릴 탁

度支部(탁지부) - 대한제국 때, 재정을 맡았던 중앙관청

讀

읽을 독

讀書(독서) - 책읽기

多讀(다독) - 많이 읽음

구절 두

句讀(구두) - 구두법

吏讀(이두) - 옛적 우리말을 적는 방식의 하나

洞

골 동

洞窟(동굴) - 깊고 넓은 큰 굴

洞里(동리) - 지방 행정구역인 동과 이

밝을 통

洞察(통찰) - 환히 살피어 온통 밝힘

즐길 락　　樂觀(낙관) - 일이 잘 되어 갈 것을 봄

樂園(낙원) - 아무런 괴로움이나 고통이 없이 살기 좋은 곳

풍류 악　　樂器(악기) - 음악 기구

樂隊(악대) - 음악대

좋아할 요　樂山樂水(요산요수) - 산수의 경치를 좋아함

复 다시 부　　復活(부활) - 죽었다가 다시 살아남

復興(부흥) - 쇠퇴하던 것이 다시 일어나거나 일어나게 함

회복할 복　復權(복권) - 잃거나 정지되었던 권리나 자격을 도로 찾음

回復(회복) - 되찾거나 되돌이킴

北 북녘 북　　北方(북방) - 북쪽

달아날 배　敗北(패배) - 싸움에 지고 달아남

分 나눌 분　　分離(분리) - 서로 나뉘어서 떨어짐

兩分(양분) - 둘로 나눔

푼 푼　　五分(오푼)

아닐 **불**　**不可**(불가) - 옳지 않은 것

　　　　　　　　　不利(불리) - 이롭지 아니함

　　아닐 **부**　**不當**(부당) - 이체에 맞지 않거나 마땅하지 아니하다

　　　　　　　　　不正(부정) (ㄷ, ㅈ음 뒤에서) - 옳지 아니함

 절 **사**　**寺刹**(사찰) - 절

　　관청 **사**　**司僕寺**(사복시) - 고려이후 궁중의 가마나 목장 일을 맡
　　　　　　　　　　아보는 관아

 줄일 **살**　**殺傷**(살상) - 죽이거나 상하게 함

　　　　　　　　　打殺(타살) - 남에게 당한 죽음

　　빠를 **쇄**　**殺到**(쇄도) - 빨리 또는 세차게 몰려 옴

　　감할 **쇄**　**減殺**(감쇄) - 덜어서 없앰

 변방 **새**　**要塞**(요새) - 국방상 중요한 곳에 구축해 놓은 견고한
　　　　　　　　　　방어 시설

　　막힐 **색**　**閉塞**(폐색) - 닫아 막음

 찾을 **색**　**思索**(사색) - 깊이 생각함

　　　　　　　　　索引(색인) - 찾아보기

　　노 **삭**　**鐵索**(철삭) - 철사로 꼬아 만든 줄

국어 실력으로 이어지는 秀(수)한자: 사자성어

말씀 설 　　**說敎**(설교) - 종교의 교의를 설명함

달랠 세 　　**遊說**(유세) - 여러 곳에 돌아다니며 제 뜻을 말하는 일

기쁠 열 　　**悅樂**(열락) - 기뻐하고 즐거워함

 살필 성 　　**反省**(반성) - 자기의 언행에 대해 잘못이 없는가를 돌이

켜 살핌

덜 생 　　**省略**(생략) - 줄임

 거느릴 솔 　　**統率**(통솔) - 온통 몰아서 거느림

비율 률 　　**比率**(비율) - 어떤 수나 양에 대한 다른 수나 양의 비

 셈 수 　　**數學**(수학) - 셈에 관한 학문

자주 삭 　　**頻數**(빈삭) - 매우 잦다

數尿症(삭뇨증) - 오줌이 자주 마려운 병

 잘 숙 　　**宿食**(숙식) - 잠자는 일과 먹는 일

별자리 수 　　**星宿**(성수) - 모든 별자리의 별들

95

주울 **습**

收拾(수습) - 어수선하게 흐트러진 물건을 주워 거두어
가든하게 정돈함

拾得物(습득물) - 남이 잃어버린 것을 주워서 얻은 물건

열 **십**

拾萬(십만) - '十'의 변조를 막기 위해 씀

알 **식**

知識(지식) - 알고 있는 내용

기록할 **지**

標識(표지) - 눈에 잘 뜨이도록 해 놓은 표시

악할 **악**

惡毒(악독) - 흉악하고 독살스럽다

미워할 **오**

憎惡(증오) - 몹시 미워함

만약 **약**

萬若(만약) - 만일, 있을지도 모르는 경우

반야 **야**

般若經(반야경) - 반야바라밀을 설법한 불경들의 총칭

어조사 **어**

於是乎(어시호) - 이제야 또는 이에 있어서

탄식할 **오**

於乎(오호) - 감탄하는 소리

쉬울 **이**

容易(용이) - 쉽다

바꿀 **역**

交易(교역) - 주로 나라와 나라 사이에서 물건을 팔고 삼

찌를 **자**   **刺客**(자색) - 사랑을 몰래 찔러 숙이는 사람

찌를 **척**   **刺殺**(척살) - 칼 따위로 사람을 죽임

문서 **장**   **賞狀**(상장) - 상의 뜻으로 주는 글발

모양 **상**   **狀態**(상태) - 놓여 있는 모양이나 형편

나타날 **저**   **著名**(저명) - 이름이 널리 나 있다

지을 **저**   **著書**(저서) - 지은 책

붙을 **착**   **到著[着]**(도착) - 다다름

끊을 **절**   **切開**(절개) - 째어서 엶

온통 **체**   **一切**(일체) - 모든 것 또는 온갖 것

별 **진**   **壬辰年**(임진년)

때 **신**   **生辰**(생신) - 생일의 높임말

곧 **즉**   **然則**(연즉) - 그러면

법칙 **칙**   **規則**(규칙) - 다 같이 지키기로 작정한 법칙

부를 **징**　　　　**徵兵**(징병) - 나라가 국민 가운데에서 군사를 강제로
　　　　　　　　　　뽑음

음률이름 **치**　　**徵音**(치음) - 고대 음률의 일종

참여할 **참**　　　**同參**(동참) - 어떤 모임이나 일에 함께 참가함

석 **삼**　　　　　'三'의 변조를 막기 위해 씀

다를 **차**　　　　**差別**(차별) - 차등이 있게 구별함

어긋날 **치**　　　**參差**(참치) - 길이가 달라 들쭉날쭉하여서 가지런하지
　　　　　　　　　　아니함

집 **택**　　　　　**家宅**(가택) - 집

(俗音) **댁**　　　**宅內**(댁내) - 남의 집을 높임

베 **포**　　　　　**布木**(포목) - 배와 무명

펼 **포**　　　　　**公布**(공포) - 일반인에게 널리 알림

보시 **보**　　　　**布施**(보시) - 자비심으로 남에게 재물이나 불법을 베풂

사나울 폭
모질 포

暴力(폭력) - 함부로 거칠고 사나운 짓을 하는 힘

暴惡(포악) - 사납고 악함

橫暴(횡포) - 성질이나 행동이 몹시 사납다

가죽 피
(俗音) 비

皮革(피혁) - 가죽

鹿皮(녹비) - 사슴 가죽

다닐 행
행실 행
항렬 항

行進(행진) - 여러 사람이 발맞춰 앞으로 걸어 나감

行實(행실) - 실지로 드러난 행동

行列(항렬) - 친족집단에서 세대 관계를 나타내는 서열

그림 화
그을 획

畫廊(화랑) - 그림을 걸어놓고 전람하기 좋게 만든 방

劃順(획순) - 글씨를 쓸 때 획을 긋는 순서

부록
2

잘못 쓰기
쉬운 한자

ㄱ

渴 목마를 갈 [渴症 갈증]
謁 아뢸 알 [拜謁 배알]

鋼 굳셀 강 [鋼鐵 강철]
綱 벼리 강 [綱領 강령]
網 그물 망 [魚網 어망]

佳 아름다울 가 [佳人 가인]
住 살 주 [住宅 주택]
往 갈 왕 [往來 왕래]

腔 빈속 강 [腹腔 복강]
控 당길 공 [控除 공제]

假 거짓 가 [假面 가면]
暇 겨를 가 [休暇 휴가]

槪 평미레 개 [槪觀 개관]
慨 분개할 개 [憤慨 분개]

刻 새길 각 [彫刻 조각]
核 씨 핵 [核心 핵심]
該 그 해 [該當 해당]

客 손 객 [客室 객실]
容 얼굴 용 [美容 미용]

閣 누각 각 [樓閣 누각]
閤 쪽문 합 [守閤 수합]

坑 구덩이 갱 [坑道 갱도]
抗 겨룰 항 [抵抗 저항]

干 방패 간 [干城 간성]
于 어조사 우 [于先 우선]

巨 클 거 [巨大 거대]
臣 신하 신 [君臣 군신]

減 덜 감 [減少 감소]
滅 멸망할 멸 [滅亡 멸망]

擧 들 거 [選擧 선거]
譽 기릴 예 [名譽 명예]

甲 첫째천간 갑 [甲乙 갑을]
申 펼 신 [申告 신고]
由 말미암을 유 [理由 이유]
田 밭 전 [田畓 전답]

儉 검소할 검 [儉素 검소]
險 험할 험 [險難 험난]
檢 검사할 검 [點檢 점검]

국어 실력으로 이어지는 수(秀) 한자: 사자성어 및 부록

件 물건 건	[要件 요건]	
伴 짝 반	[同伴 동반]	
建 세울 건	[建築 건축]	
健 건강할 건	[健康 건강]	
犬 개 견	[猛犬 맹견]	
大 큰 대	[大將 대장]	
丈 어른 장	[方丈 방장]	
太 클 태	[太極 태극]	
堅 굳을 견	[堅實 견실]	
竪 세울 수	[竪立 수립]	
緊 굵게얽을 긴	[緊密 긴밀]	
決 결단할 결	[決定 결정]	
快 쾌할 쾌	[豪快 호쾌]	
境 경계 경	[終境 종경]	
意 뜻 의	[謝意 사의]	
更 고칠 경	[變更 변경]	
吏 벼슬 리	[吏房 이방]	
頃 잠깐 경	[頃刻 경각]	
頂 정수리 정	[頂上 정상]	
項 목덜미 항	[項目 항목]	
經 지날 경	[經歷 경력]	
徑 지름길 경	[直徑 직경]	

季 철 계	[季節 계절]	
李 자두 리	[行李 행리]	
秀 빼어날 수	[優秀 우수]	
階 섬돌 계	[階段 계단]	
陸 뭍 륙	[陸地 육지]	
苦 괴로울 고	[苦難 고난]	
若 만약 약	[萬若 만약]	
孤 외로울 고	[孤獨 고독]	
派 물갈래 파	[黨派 당파]	
曲 굽을 곡	[曲折 곡절]	
典 법 전	[典據 전거]	
困 곤할 곤	[疲困 피곤]	
囚 가둘 수	[囚人 수인]	
因 인할 인	[因緣 인연]	
攻 칠 공	[攻擊 공격]	
切 끊을 절	[切斷 절단]	
巧 공교로울 교	[技巧 기교]	
寡 적을 과	[多寡 다과]	
裏 속 리	[表裏 표리]	
科 과정 과	[科目 과목]	
料 헤아릴 료	[料量 요량]	

橋 다리 교	[鐵橋 철교]	肯 즐길 긍	[肯定 긍정]
僑 교포 교	[僑胞 교포]	背 등 배	[背信 배신]
拘 잡을 구	[拘束 구속]	棄 버릴 기	[棄兒 기아]
抱 안을 포	[抱擁 포옹]	葉 잎 엽	[落葉 낙엽]
郡 고을 군	[郡廳 군청]		
群 무리 군	[群衆 군중]		
卷 쇠뇌 권	[卷末 권말]		
券 문서 권	[食券 식권]		

ㄴ

勸 권할 권	[勸善 권선]	難 어려울 난	[困難 곤란]
觀 볼 관	[觀覽 관람]	離 떠날 리	[離別 이별]
歡 기뻐할 환	[歡待 환대]		
		納 들일 납	[納入 납입]
		紛 어지러울 분	[紛爭 분쟁]
貴 귀할 귀	[富貴 부귀]		
責 꾸짖을 책	[責望 책망]	奴 종 노	[奴隷 노예]
		如 같을 여	[如一 여일]
斤 근 근	[斤量 근량]		
斥 물리칠 척	[排斥 배척]		

ㄷ

級 등급 급	[昇級 승급]		
吸 마실 흡	[呼吸 호흡]		
		端 단정할 단	[端正 단정]
己 몸 기	[自己 자기]	瑞 상서로울 서	[瑞光 서광]
已 이미 이	[已往 이왕]		
巳 여섯째지지 사	[乙巳 을사]	旦 아침 단	[元旦 원단]
		且 또 차	[且置 차치]

代 대신할 대　　　[代用 대용]
伐 칠 벌　　　　　[討伐 토벌]

待 기다릴 대　　　[期待 기대]
侍 모실 시　　　　[侍女 시녀]

貸 빌릴 대　　　　[轉貸 전대]
賃 품삯 임　　　　[賃金 임금]

戴 일 대　　　　　[負戴 부대]
載 실을 재　　　　[積載 적재]

刀 칼 도　　　　　[短刀 단도]
力 힘 력　　　　　[努力 노력]

都 도읍 도　　　　[首都 수도]
部 나눌 부　　　　[部分 부분]

徒 걸어다닐 도　　[徒步 도보]
徙 옮길 사　　　　[移徙 이사]

讀 읽을 독　　　　[讀書 독서]
贖 비칠 속　　　　[贖罪 속죄]
續 이을 속　　　　[繼續 계속]

燈 등잔 등　　　　[燈火 등화]
證 증거 증　　　　[確證 확증]

ㄹ

卵 알 란　　　　　[鷄卵 계란]
卯 토끼 묘　　　　[卯時 묘시]

郎 사나이 랑　　　[郎君 낭군]
朗 밝을 랑　　　　[晴朗 청랑]

旅 나그네 려　　　[旅行 여행]
施 베풀 시　　　　[實施 실시]
旋 돌 선　　　　　[周旋 주선]

歷 지날 력　　　　[經歷 경력]
曆 책력 력　　　　[陽曆 양력]

綠 초록빛 록　　　[綠色 녹색]
緣 인연 연　　　　[因緣 인연]
錄 기록할 록　　　[記錄 기록]
祿 복 록　　　　　[祿俸 녹봉]

憐 가련할 련　　　[憐憫 연민]
隣 이웃 린　　　　[隣近 인근]

領 거느릴 령　　　[首領 수령]
頒 나눌 반　　　　[頒布 반포]
頌 칭송할 송　　　[頌歌 송가]

論 말할 론	[討論 토론]	綿 솜 면	[綿布 면포]
倫 인륜 륜	[倫理 윤리]	錦 비단 금	[錦衣 금의]
輪 바퀴 륜	[輪廻 윤회]		
輸 실어낼 수	[輸出 수출]	免 면할 면	[免除 면제]
		兎 토끼 토	[兎皮 토피]
栗 밤나무 률	[生栗 생률]		
粟 조 속	[粟豆 속두]	眠 쉴 면	[睡眠 수면]
		眼 눈 안	[眼目 안목]
理 다스릴 리	[倫理 윤리]		
埋 묻을 매	[埋沒 매몰]	明 밝을 명	[明快 명쾌]
		朋 벗 붕	[朋友 붕우]

▣

		鳴 울 명	[悲鳴 비명]
		嗚 탄식할 오	[嗚咽 오열]
漠 사막 막	[沙漠 사막]	侮 업신여길 모	[侮辱 모욕]
模 법 모	[模範 모범]	悔 뉘우칠 회	[悔改 회개]
幕 장막 막	[天幕 천막]	沐 목욕할 욕	[沐浴 목욕]
墓 무덤 묘	[墓地 묘지]	休 쉴 휴	[休息 휴식]
暮 저물 모	[日暮 일모]		
募 모을 모	[募集 모집]	戊 다섯째천간 무	[戊時 무시]
慕 사모할 모	[思慕 사모]	戍 수자리 수	[戍樓 수루]
		戌 개 술	[甲戌年 갑술년]
末 끝 말	[末路 말로]	微 작을 미	[微笑 미소]
未 아닐 미	[未來 미래]	徵 부를 징	[徵集 징집]
忘 잊을 망	[忘却 망각]	密 빽빽할 밀	[秘密 비밀]
妄 허망할 망	[妄言 망언]	蜜 꿀 밀	[蜜蜂 밀봉]
妾 첩 첩	[愛妾 애첩]		

106

ㅂ

拍	손뼉칠 박	[拍手 박수]
柏	측백나무 백	[冬柏 동백]
泊	배댈 박	[宿泊 숙박]
迫	핍박할 박	[逼迫 핍박]
追	쫓을 추	[追憶 추억]
薄	엷을 박	[薄明 박명]
簿	장부 부	[帳簿 장부]
博	넓을 박	[博士 박사]
傅	스승 부	[師傅 사부]
傳	전할 전	[傳受 전수]
飯	밥 반	[白飯 백반]
飮	마실 음	[飮料 음료]
倣	본뜰 방	[模倣 모방]
做	지을 주	[看做 간주]
排	밀칠 배	[排他 배타]
俳	광대 배	[俳優 배우]
番	차례 번	[番號 번호]
審	살필 심	[審査 심사]

罰	벌줄 벌	[罰金 벌금]
罪	죄 죄	[犯罪 범죄]
辯	말잘할 변	[辯論 변론]
辨	분별할 변	[辨別 변별]
普	넓을 보	[普通 보통]
晋	나라 진	[晉州 진주]
奉	받들 봉	[奉養 봉양]
奏	아뢸 주	[演奏 연주]
復	다시 부	[復興 부흥]
	돌아올 복	[復習 복습]
複	겹옷 복	[複式 복식]
婦	아내 부	[主婦 주부]
掃	쓸 소	[淸掃 청소]
奮	떨칠 분	[興奮 흥분]
奪	빼앗을 탈	[奪取 탈취]
佛	부처 불	[佛敎 불교]
拂	떨 불	[支拂 지불]
貧	가난할 빈	[貧弱 빈약]
貪	탐할 탐	[貪慾 탐욕]
氷	얼음 빙	[解氷 해빙]
永	길 영	[永久 영구]

ㅅ

塞 변방 새	[要塞 요새]		
寒 찰 한	[寒食 한식]		

士 선비 사   [紳士 신사]
土 흙 토   [土地 토지]

牲 희생 생   [犧牲 희생]
姓 일가 성   [姓氏 성씨]
性 성품 성   [性格 성격]

仕 벼슬 사   [奉仕 봉사]
任 맡길 임   [任務 임무]

恕 용서할 서   [容恕 용서]
怒 성낼 노   [憤怒 분노]

使 부릴 사   [使用 사용]
便 편할 편   [簡便 간편]

暑 더울 서   [暴暑 폭서]
署 관청 서   [官署 관서]

師 스승 사   [恩師 은사]
帥 장수 수   [將帥 장수]

書 글 서   [書房 서방]
晝 낮 주   [晝夜 주야]
畫 그림 화   [畫家 화가]

思 생각할 사   [思想 사상]
恩 은혜 은   [恩惠 은혜]

宣 베풀 선   [宣傳 선전]
宜 마땅할 의   [便宜 편의]

捨 버릴 사   [取捨 취사]
拾 주울 습   [拾得 습득]

釋 풀 석   [解釋 해석]
譯 통변할 역   [譯官 역관]

社 모일 사   [會社 회사]
祀 제사 사   [祭祀 제사]

澤 못 택   [恩澤 은택]
擇 가릴 택   [選擇 선택]

唆 부추길 사   [教唆 교사]
俊 준걸 준   [俊秀 준수]

析 쪼갤 석   [分析 분석]
折 꺾을 절   [折枝 절지]

象 코끼리 상   [象牙 상아]
衆 무리 중   [衆生 중생]

晳 밝을 석   [明晳 명석]
哲 밝을 철   [哲學 철학]

惜 아낄 석	[惜別 석별]	
借 빌 차	[借用 차용]	
雪 눈 설	[殘雪 잔설]	
雲 구름 운	[雲霧 운무]	
涉 건널 섭	[干涉 간섭]	
陟 오를 척	[三陟 삼척]	
授 줄 수	[授受 수수]	
援 구원할 원	[救援 구원]	
遂 이룰할 수	[完遂 완수]	
逐 쫓을 축	[驅逐 구축]	
須 반드시 수	[必須 필수]	
順 순할 순	[順從 순종]	
俗 속될 속	[俗世 속세]	
裕 넉넉할 유	[餘裕 여유]	
浴 목욕할 욕	[沐浴 목욕]	
送 보낼 송	[放送 방송]	
迭 바꿀 질	[更迭 경질]	
衰 쇠할 쇠	[衰退 쇠퇴]	
衷 속마음 충	[衷心 충심]	
哀 슬플 애	[哀惜 애석]	
表 드러날 표	[表現 표현]	

熟 익을 숙	[未熟 미숙]
熱 더울 열	[發熱 발열]
勝 이길 승	[勝利 승리]
騰 오를 등	[騰落 등락]
僧 중 승	[高僧 고승]
憎 미워할 증	[憎惡 증오]
增 붙을 증	[增加 증가]
識 알 식	[識見 식견]
織 짤 직	[織物 직물]
職 맡을 직	[職位 직위]
伸 펼 신	[伸張 신장]
仲 버금 중	[仲秋節 중추절]
失 잃을 실	[失敗 실패]
矢 화살 시	[弓矢 궁시]
夭 일찍죽을 요	[夭折 요절]
深 깊을 심	[夜深 야심]
探 더듬을 탐	[探究 탐구]

ㅇ

沿 좇을 연 　　[沿革 연혁]
治 다스릴 치 　　[政治 정치]
浴 목욕할 욕 　　[浴室 욕실]

雅 우아할 아 　　[優雅 우아]
稚 어릴 치 　　[幼稚 유치]

鹽 소금 염 　　[鹽田 염전]
監 볼 감 　　[監督 감독]

仰 우러를 앙 　　[信仰 신앙]
抑 누를 억 　　[抑制 억제]

營 경영할 영 　　[經營 경영]
螢 반딧불 형 　　[螢光 형광]

謁 아뢸 알 　　[謁見 알현]
揭 들 게 　　[揭示 게시]

汚 더러울 오 　　[汚染 오염]
汗 땀 한 　　[汗蒸 한증]

厄 재앙 액 　　[厄運 액운]
危 위태할 위 　　[危險 위험]

烏 까마귀 오 　　[烏石 오석]
鳥 새 조 　　[鳥類 조류]
島 섬 도 　　[孤島 고도]

讓 사양할 양 　　[辭讓 사양]
壤 흙 양 　　[土壤 토양]
孃 여자애 양 　　[令孃 영양]
壞 무너질 괴 　　[崩壞 붕괴]
懷 품을 회 　　[懷抱 회포]

穩 평온할 온 　　[穩健 온건]
隱 숨길 은 　　[隱語 은어]

與 줄 여 　　[授與 수여]
輿 수레 여 　　[輿論 여론]
興 일어날 흥 　　[興亡 흥망]

瓦 기와 와 　　[瓦解 와해]
互 서로 호 　　[相互 상호]

宇 집 우 　　[宇宙 우주]
字 글자 자 　　[文字 문자]

延 끌 연 　　[延期 연기]
廷 조정 정 　　[朝廷 조정]

園 동산 원 　　[庭園 정원]
圍 주위 위 　　[周圍 주위]

威 위엄 위 　　[威力 위력]
咸 다 함 　　[咸集 함집]

惟 생각할 유　　　[思惟 사유]
推 밀 추　　　　　[推進 추진]

遺 남길 유　　　　[遺物 유물]
遣 보낼 견　　　　[派遣 파견]

幼 어릴 유　　　　[幼年 유년]
幻 허깨비 환　　　[幻想 환상]

玉 구슬 옥　　　　[珠玉 주옥]
王 임금 왕　　　　[帝王 제왕]
壬 북방 임　　　　[壬辰 임진]

泣 울 읍　　　　　[泣訴 읍소]
位 자리 위　　　　[位置 위치]

凝 엉길 응　　　　[凝結 응결]
疑 의심할 의　　　[疑心 의심]

積 쌓을 적　　　　[積載 적재]
績 실낳을 적　　　[成績 성적]

滴 물방울 적　　　[硯滴 연적]
摘 딸 적　　　　　[摘發 적발]

亭 정자 정　　　　[亭子 정자]
享 누릴 향　　　　[享樂 향락]
亨 형통할 형　　　[亨通 형통]

帝 임금 제　　　　[帝王 제왕]
常 항상 상　　　　[常識 상식]

弟 아우 제　　　　[兄弟 형제]
弟 차례 제　　　　[第一 제일]

兆 조짐 조　　　　[前兆 전조]
北 북녘 북　　　　[北極 북극]

早 일찍 조　　　　[早起 조기]
旱 가물 한　　　　[旱害 한해]

照 비출 조　　　　[照明 조명]
熙 빛날 희　　　　[熙笑 희소]

ㅈ

暫 잠시 잠　　　　[暫時 잠시]
漸 점점 점　　　　[漸次 점차]
慙 부끄러울 참　　[無慙 무참]

裁 심을 재　　　　[栽培 재배]
裁 마를 재　　　　[裁縫 재봉]

潮 조수 조　　　　[潮流 조류]
湖 호수 호　　　　[湖畔 호반]

措 둘 조　　　　　[措處 조처]
借 빌 차　　　　　[借款 차관]

燥 마를 조	[乾燥 건조]	追 따를 추	[追究 추구]
操 잡을 조	[操心 조심]	退 물러갈 퇴	[退進 퇴진]
佐 도울 좌	[補佐 보좌]	推 밀 추	[推薦 추천]
佑 도울 우	[天佑 천우]	堆 쌓을 퇴	[堆肥 퇴비]
柱 기둥 주	[支柱 지주]	蓄 쌓을 축	[貯蓄 저축]
桂 계수나무 계	[桂皮 계피]	畜 기를 축	[家畜 가축]
陳 늘어놓을 진	[陳列 진열]	充 가득할 충	[充滿 충만]
陣 줄 진	[陳地 진지]	允 허락할 윤	[允許 윤허]
		衝 부딪칠 충	[衝突 충돌]
		衡 저울 형	[均衡 균형]

ㅊ

		側 곁 측	[側近 측근]
		測 헤아릴 측	[測量 측량]
捉 잡을 착	[捕捉 포착]		
促 재촉할 촉	[督促 독촉]	浸 적실 침	[浸透 침투]
		侵 침노할 침	[侵入 침입]
責 꾸짖을 책	[責望 책망]		
靑 푸를 청	[靑史 청사]	枕 베개 침	[沈床 침상]
		沈 빠질 침	[沈默 침묵]
撤 거둘 철	[撤收 철수]	沒 빠질 몰	[沒入 몰입]
徹 통할 철	[徹底 철저]		
招 부를 초	[招魂 초혼]		
紹 이을 소	[紹介 소개]		
昭 밝을 소	[昭明 소명]		

국어 실력으로 이어지는 秀(수)한자: 사자성어

ㅌ ㅍ ㅎ

他 다를 타   [他人 타인]
地 땅 지   [地球 지구]

濁 흐릴 탁   [淸濁 청탁]
燭 촛불 촉   [華燭 화촉]
獨 홀로 독   [孤獨 고독]

彈 탄알 탄   [彈丸 탄환]
禪 봉선 선   [參禪 참선]

脫 벗을 탈   [脫衣 탈의]
稅 구실 세   [稅金 세금]
悅 기쁠 열   [喜悅 희열]
說 말씀 설   [說明 설명]
    달랠 세   [遊說 유세]
設 베풀 설   [施設 시설]

湯 끓일 탕   [湯藥 탕약]
渴 목마를 갈   [渴症 갈증]

弊 폐단 폐   [弊端 폐단]
幣 비단 폐   [幣帛 폐백]
蔽 가릴 폐   [隱蔽 은폐]

抱 안을 포   [抱擁 포옹]
泡 거품 포   [水泡 수포]
胞 태보 포   [細胞 세포]

捕 사로잡을 포   [捕手 포수]
浦 개 포   [浦口 포구]
鋪 펼 포   [店鋪 점포]
補 기울 보   [補充 보충]

爆 터질 폭   [爆發 폭발]
瀑 폭포 폭   [瀑布 폭포]

恨 한탄할 탄   [怨恨 원한]
限 한정할 한   [限界 한계]

幸 다행할 행   [幸福 행복]
辛 매울 신   [辛辣 신랄]

鄕 시골 향   [京鄕 경향]
卿 벼슬 경   [卿相 경상]

護 보호할 호   [保護 보호]
穫 거둘 확   [收穫 수확]
獲 얻을 획   [獲得 획득]

刑 형벌 형   [死刑 사형]
形 모양 형   [形式 형식]
刊 책 펴낼 간   [刊行 간행]

會 모일 회   [會談 회담]
曾 일찍 증   [曾祖 증조]

悔 뉘우칠 회   [悔改 회개]

梅 매화나무 매   [梅花 매화]

侮 업신여길 모   [侮辱 모욕]

海 바다 해   [海洋 해양]

侯 제후 후   [諸侯 제후]

候 물을 후   [氣候 기후]

喉 목구멍 후   [喉音 후음]

吸 마실 흡   [呼吸 호흡]

吹 불 취   [鼓吹 고취]

次 버금 차   [次席 차석]

국어 실력으로 이어지는 수(秀) 한자: 사자성어 및 부록

부록
3

잘못 읽기
쉬운 한자

1. 減殺(감쇄) '줄다'는 뜻. 감살(X)

2. 降雨(강우) '비가 내리다'는 뜻. 항후(X)

3. 句讀(구두) '문장이 끊어지는 곳에 찍는 점'이란 뜻. 구독(X)

4. 拘碍(구애) '거리끼다'는 뜻. 구득(X)

5. 龜鑑(귀감) '본보기'라는 뜻. 구감(X)

6. 龜裂(균열) '금이 가고 갈라지다'는 뜻. 구열(X)

7. 琴瑟(금슬) '부부의 사이'를 뜻함. 금실(X)

8. 誇示(과시) '자랑하여 보이다'는 뜻. 오시(X)

9. 敎唆(교사) '남을 선동하여 못된 일을 하게 함'. 교준(X)

10. 內人(나인) '궁녀'. 내인(X)

11. 裸體(나체) '벌거벗은 몸'이란 뜻. 과체(X)

12. 拉致(납치) '강제로 붙들어 감'이란 뜻. 입치(X)

13. 茶菓(다과) '차와 과자'. 차과(X)

14. 冬眠(동면) '겨울잠'이란 뜻. 동민(X)

15. 媒介(매개) '중간에서 관계를 맺어 주는 일'이란 뜻. 모개(X)

16. 魅力(매력) '마음을 끄는 힘'이란 뜻. 괴력(X)

17. 木瓜(모과) '모과나무 열매'라는 뜻. 목과(X)

18. 拜謁(배알) '높은 어른을 뵙다'는 뜻. 배갈(X)

19. 反田(번전) '논을 밭으로 만들다'는 뜻. 반전(X)

20. 報酬(보수) '근로에 대한 소득'이라는 뜻. 보주(X)

21. 頻數(빈삭) '빈번하다'는 뜻. 빈수(X)

22. 詐欺(사기) '남을 속여 해치다'는 뜻. 작기(X)

23. 商賈(상고) '상인'이라는 뜻. 상가(X)

24. 睡眠(수면) '잠을 자다'는 뜻. 수민(x)

25. 謁見(알현) '지위가 높은 사람에게 뵈다'는 뜻. 알견(x)

26. 哀悼(애도) '사람의 죽음을 서러워함'이란 뜻. 애탁(x)

27. 惹起(야기) '끌어 일으킴'이란 뜻. 약기(x)

28. 役割(역할) '구실'. 역할(x)

29. 厭惡(염오) '싫어서 미워함'이란 뜻. 염악(x)

30. 惡寒(오한) '몹시 춥고 괴로운 증세'라는 뜻. 악한(x)

31. 瓦解(와해) '사물이 뿔뿔이 헤어짐'이란 뜻. 호해(x)

32. 歪曲(왜곡) '비뚤게 함'이라는 뜻. 의곡(x)

33. 遊說(유세) '돌아다니며 자기 의견을 퍼뜨림'이란 뜻. 유설(x)

34. 流暢(유창) '말하는 것이 거침이 없음'이란 뜻. 유장(x)

35. 吟味(음미) '감상하다'는 뜻. 금미(x)

36. 凝結(응결) '엉기다'라는 뜻. 금미(x)

37. 溺死(익사) '물 속에 빠져 죽음'이란 뜻. 약사(x)

38. 一切(일체) '모두'. 일절(x)

39. 沮喪(저상) '기가 꺾임'이란 뜻. 조상(x)

40. 傳播(전파) '전하여 널리 퍼뜨림'이란 뜻. 전번(x)

41. 措置(조치) '일을 처리함'이란 뜻. 석치(x)

42. 憎惡(증오) '미워함'이란 뜻. 승악(x)

43. 斬新(참신) '가장 새로움'이란 뜻. 점신(x)

44. 尖端(첨단) '시대의 사조에 앞장서는 일'이란 뜻. 열단(x)

45. 追悼(추도) '죽은 사람을 생각하여 슬퍼하다'는 뜻. 추탁(x)

46. 醜態(추태) '추악한 꼴'이란 뜻. 취태(x)

47. 秋毫(추호) '가을에 돋아난 작은 털' → '매우 작거나 적음'을 형용함. 추모(X)

48. 衷心(충심) '속에서 진정으로 우러나오는 마음'이란 뜻. 애심(X)

49. 稱訟(칭송) '공덕을 일컬어 기림'이란 뜻. 칭공(X)

50. 洞察(통찰) '환하게 살핌'이란 뜻. 동찰(X)

51. 派遣(파견) '사명을 띄워서 사람을 보냄'이란 뜻. 파유(X)

52. 覇權(패권) '한 단체의 우두머리가 가진 권력'이란 뜻. 파권(X)

53. 敗北(패배) '싸움에 짐'이란 뜻. 패북(X)

54. 閉塞(폐색) '막히다'는 뜻. 폐새(X)

55. 捕捉(포착) '붙잡음'이란 뜻. 포촉(X)

56. 標識(표지) '어떤 사물을 나타내는 표시'라는 뜻. 표식(X)

57. 虐政(학정) '가혹한 정치'라는 뜻. 허정(X)

58. 割引(할인) '가격을 깎아주다'는 뜻.

59. 行列(항렬) '친족집단에서의 세대(世代) 관계 표시의 서열'. 행렬(X)

60. 降伏(항복) '적에게 굴복함'이란 뜻. 강복(X)

61. 降將(항장) '항복한 장수'라는 뜻. 강락(X)

62. 享樂(향락) '즐거움을 누림'이란 뜻. 형락(X)

62. 嫌惡(혐오) '싫어하다'의 뜻. 겸악(X)

63. 忽然(홀연) '갑자기'라는 뜻. 총연(X)

63. 滑走(활주) '미끄러져 달아나다'는 뜻. 골주(X)

64. 橫暴(횡포) '제멋대로 굴며 몹시 난폭함'이란 뜻. 횡폭(X)

65. 毀損(훼손) '헐어서 못쓰게 함'이란 뜻. 집

국어 실력으로 이어지는 수(秀) 한자: 사자성어 및 부록